广西乡村振兴蓝皮书

# 广西乡村振兴报告
# 2020

中共广西壮族自治区委员会农村工作领导小组办公室
广西壮族自治区农业科学院　编著
广西乡村振兴战略研究院

中国农业出版社
北　京

# 本书编委会

编委会主任　林树恒

（广西壮族自治区农业科学院党组副书记、副院长，广西乡村振兴战略研究院院长，广西壮族自治区决策咨询委员会咨询专家）

编委会副主任　彭书华

（中共广西壮族自治区委员会农村工作领导小组办公室秘书处处长）

主　　编　林树恒

副 主 编　许忠裕　于平福　陆翠萍　张宗文　杨景峰

特约撰稿人　玉丕民　吴伟权　黄永辉　陆义敏　黄予慧

课题组成员　（以姓氏笔画排序）

于平福　孔令孜　邓国仙　卢庆南

宁　夏　关妮纳　许忠裕　李小红

杨景峰　张宗文　张　棵　陆建勋

陆翠萍　林树恒　周保吉　黄艳芳

黄　智　梁富华　黎丽菊

# 前　言

乡村振兴，国家战略。全面推进乡村振兴，是以习近平同志为核心的党中央着眼党和国家事业全局，顺应亿万农民对美好生活的向往，对“三农”工作作出的重大决策部署，是决胜全面建成小康社会、全面建设社会主义现代化国家的重大历史任务，是新时代做好“三农”工作的总抓手。习近平总书记强调：“各地区各部门要充分认识实施乡村振兴战略的重大意义，把实施乡村振兴战略摆在优先位置，坚持五级书记抓乡村振兴，让乡村振兴成为全党全社会的共同行动。”

广西是农业大省区，乡村人口多，第一产业增加值总量大、占比高。有 1 118 个乡镇、14 229 个行政村、2 452 万乡村常住人口，乡村人口数排全国第 9，温、光、热、水资源配比适中，是全国少有的宜农、宜林、宜牧、宜渔综合发展地区和农业多样性丰富地区，已发现植物 280 多科、1 700 多属、8 000 余种，有粮食、糖料、水果、蔬菜、油料等农作物品种 1 200 多个，畜禽类 400 多个，水产类 40 多个，建成各级现代特色农业示范区（园、点）13 851个，培育发展农业产业化龙头企业国家级 38 家、自治区级 238 家以及农民专业合作社 58 690 多家。

党的十九大以来，广西以习近平新时代中国特色社会主义思想为指导，认真贯彻落实党中央和国务院关于“三农”工作的部署要求，立足农业大省区和后发展欠发达地区实际，大力实施乡村振兴战略，推动乡村产业振兴、人才振兴、文化振兴、生态振兴、组织振兴，推进乡村振兴与脱贫攻坚有机衔接，取得了积极成效，探索了特色路子，保持了农业农村经济持续稳定和长期向好发展的良好势头，初步构建了乡村振兴的制度框架和政策体系，实现了乡村振兴战略规划实施的良好开局和扎实起步。

《广西乡村振兴蓝皮书：广西乡村振兴报告 2020》是中共广西壮族自治区委员会农村工作领导小组办公室与广西壮族自治区农业科学院、广西乡村振兴战略研究院重点开展的广西乡村振兴发展重大课题，汇集了广西壮族自治区农业科学院、广西乡村振兴战略研究院智库研究人员和广西“三农”专家学者的最新研究成果。全书包括总报告、专题报告、调研报告、典型篇四个部分，总结了广西推进乡村振兴进展情况，分析了广西乡村振兴发展总体态势，展示了广西各地基层探索典型实践，既有对当前发展的梳理、也有对今后探索的建议，既有专家视角的研究、也有具体实践的剖析。本书以蓝皮书的形式编著，旨在为各级党委、政府以及有关部门推进实施乡村振兴战略提供重要的决策参考。

本书在编著过程中，得到了有关部门、专家学者以及各界有识之士的大力支持和帮助，在此特别致以衷心的感谢！由于时间仓促、水平有限以及资料收集难度较大，书中难免存在疏漏和不足之处，恳请广大读者批评指正。

编　者

2020 年 1 月 17 日

# 目　　录



## Ⅰ　总报告



## Ⅱ　专题报告



## Ⅲ　调研报告

## Ⅳ　典型篇

# I 总报告

# 壮美广西的乡村振兴特色路径

“广西乡村振兴蓝皮书”课题组

实施乡村振兴战略，是广西推进“三农”发展的总抓手。走出壮美广西的乡村振兴特色路径，是“建设壮美广西　共圆复兴梦想”新时代新征程中的重要篇章。

## 一、乡村振兴与建设壮美广西的战略关联

党的十八大以来，习近平总书记心系广西发展、情系广西人民，赋予广西“三大定位”新使命，提出“五个扎实”新要求，并为广西壮族自治区成立60周年题词“建设壮美广西　共圆复兴梦想”，为新时代广西发展提供了量身定做的精准指导。自治区党委把“建设壮美广西　共圆复兴梦想”作为新时代广西发展的总目标总要求，进一步作出了“六壮六美”的具体部署，即让经济实力“壮”起来、发展质量“美”起来，让民主法治“壮”起来、民族团结“美”起来，让民族文化“壮”起来、精神文明“美”起来，让民生保障“壮”起来、人民生活“美”起来，让绿色发展“壮”起来、生态环境“美”起来，让管党治党“壮”起来、政治生态“美”起来。实施乡村振兴战略是新时代建设农村美好家园的具体路径，也是建设壮美乡村、让全区农民共圆复兴梦想的壮乡践履，与建设壮美广西的“六壮六美”新愿景新要求一脉相承，在目标、节点和内容上有着一致的战略关联。

---

本课题由广西特色新型智库联盟成员单位广西壮族自治区农业科学院、广西乡村振兴战略研究院承担研究。

### （一）从达成目标来看，两者保持根本上的一致性

“六壮六美”是为开创“建设壮美广西　共圆复兴梦想”的广西新未来绘就的全新愿景和作出的具体要求，是广西全体人民的新梦想。乡村振兴战略以实现农业农村现代化为总目标，是包括农村产业现代化、农村生态现代化、农村文化现代化、乡村治理现代化和农民生活现代化在内的有机整体。广西作为农业大省区，乡村振兴是建设壮美广西中最补基础、最聚民心的一部分，“六壮六美”也成为新时代新征程中广西实施乡村振兴战略的具体行动和壮乡农村农民的殷切期盼。乡村壮美，则广西壮美，壮美乡村是壮美广西的最大底色。在新的历史起点上，乡村振兴和“六壮六美”在广西走向全面现代化进程中和全体壮乡人民共圆复兴梦想上，保持着奋斗目标价值指向的一以贯之。

### （二）从时间节点来看，两者具有进程上的同步性

党的十九大报告绘就了实现复兴梦想的战略蓝图，在 2020 年全面建成小康社会、实现第一个百年奋斗目标的基础上，再奋斗 15 年，在 2035 年基本实现社会主义现代化；从 2035 年到本世纪中叶，在基本实现现代化的基础上，再奋斗 15 年，把我国建成富强民主文明和谐美丽的社会主义现代化强国。实施乡村振兴战略也有着清晰的阶段愿景，到 2020 年乡村振兴取得重要进展，到 2035 年乡村振兴取得决定性进展、农业农村现代化基本实现，到 2050 年实现农业强、农村美、农民富的乡村全面振兴。壮美广西是实现中华民族伟大复兴在广西的具体实践，推进乡村振兴和建设壮美广西都是谱写新时代广西发展新篇章的重大战略，都在党的十九大以后同期起航，都有着展望 2035 年和 2050 年的长期愿景，两者奋斗进程的阶段节点同步耦合和互为支撑。

### （三）从实施内容来看，两者体现一脉相承的融合性

建设壮美广西的“六壮六美”新要求与乡村振兴战略的“二十

字”总要求，在内容内涵上一脉相承，“六壮六美”为广西乡村振兴赋予了内涵特色，乡村振兴为广西“六壮六美”丰富了具体实践，两者的融合性为广西走出乡村振兴特色路径奠定了基础。广西的经济实力“壮”、发展质量“美”离不开乡村的产业兴旺，民主法治“壮”、民族团结“美”和管党治党“壮”、政治生态“美”少不了乡村的治理有效，民族文化“壮”、精神文明“美”更需要乡村的乡风文明，民生保障“壮”、人民生活“美”蕴涵着乡村的生活富裕，绿色发展“壮”、生态环境“美”连线乡村的生态宜居。从实施内容来看，建设壮美广西的“六壮六美”在农业农村的内涵本质就是乡村振兴。

## 二、实施乡村振兴战略的理论基础

实施乡村振兴战略，蕴含着以习近平同志为核心的党中央对我国“三农”形势的重大判断和对当前及今后一个时期“三农”工作的重大创新，是进入新世纪以来中国特色社会主义乡村建设又一个重大实践和历史阶段，具有很强的时代特征。在谱写“建设壮美广西　共圆复兴梦想”的广西新时代发展新篇章中，要实施好乡村振兴战略，走出具有广西特色的乡村振兴路径，必须以习近平新时代中国特色社会主义思想为指导，遵循乡村发展时代规律，科学把握和充分运用与时俱进的系统理论来指导实践。

### （一）习近平总书记关于实施乡村振兴战略的重要论述

建设什么样的乡村、怎样建设乡村，一直是近代以来中华民族面对的一个重大历史性课题。基于深刻审视国情农情，习近平总书记在党的十九大报告中首次作出实施乡村振兴战略的重大决策部署，并在之后的一系列重要指示中进一步明确了乡村振兴战略以农业农村现代化为总目标，以坚持农业农村优先发展为总方针，以“产业兴旺、生态宜居、乡风文明、治理有效、生活富裕”为总要求，以建立健全城乡融合发展体制机制和政策体系为制度保障，为中国乡村迈向现代化描绘了壮丽前景。

党的十九大以来，习近平总书记多次部署乡村振兴战略实施，从不同层面对推动这一重要战略的落实提出具体要求。首先，有着对遵循规律的深刻把握。习近平总书记在中共中央政治局就实施乡村振兴战略进行第八次集体学习中强调，在实施乡村振兴战略中要注意处理好四个关系，即长期目标和短期目标的关系、顶层设计和基层探索的关系、充分发挥市场决定性作用和更好发挥政府作用的关系、增强群众获得感和适应发展阶段的关系。其次，也有对实施路径的科学论断。习近平总书记在中央农村工作会议上，系统全面地阐述了实现中国特色社会主义乡村振兴的“七条道路”，即走城乡融合发展之路、走共同富裕之路、走质量兴农之路、走乡村绿色发展之路、走乡村文化兴盛之路、走乡村善治之路、走中国特色减贫之路。也有对发展任务的高瞻远瞩，习近平总书记在 2018 年全国两会期间参加山东代表团审议时指出要推动“五个振兴”，即推动乡村产业振兴、推动乡村人才振兴、推动乡村文化振兴、推动乡村生态振兴、推动乡村组织振兴。再者，还有对工作推进的指示要求。习近平总书记在全国实施乡村振兴战略工作推进会上，对当前实施乡村振兴战略作了抓重点、补短板、强弱项的重要批示。从基本规律到实现路径再到目标任务和推进要求，习近平总书记为乡村振兴战略的实施指明了发展方向。这些方向是广西实施乡村振兴战略走出特色路径的根本遵循，尤其是为自治区成立 60 周年的题词“建设壮美广西　共圆复兴梦想”，更是广西实施乡村振兴战略的特色路径选择的根本所在。

### （二）进入新世纪后我国关于城乡发展关系的理论创新

乡村振兴是一个绵绵用力、久久为功的过程，也是城乡互动、城乡融合的过程。随着经济社会发展进步和社会主要矛盾变化，工农城乡关系以城镇化不断解构引致空间动能融合，以乡村建设路径不断探索激发内生发展活力，我国城乡发展关系的理论创新也在实践中不断深化，形成了中国特色社会主义乡村发展的“中国智慧”。

**1. 从“城镇化”到“新型城镇化”再到“新型城镇化与乡村振兴双轮驱动”的动能转化**

城镇化是一个历史范畴，也是一个发展中的概念。改革开放以来，伴随着工业化进程的快速推进，各类生产要素在城镇集聚和发展，我国城镇化进程也出现了突飞猛进的发展，大量农村富余劳动力涌入城镇。党的十八大以后，中央提出以人为核心的“三个一亿人”新型城镇化战略，作出走以人为本、四化同步、优化布局、生态文明、文化传承的中国特色新型城镇化道路的决策部署。新型城镇化的方向主要以城镇为主战场，充分发掘小城镇的土地、人力、自然和历史文化等多方面要素，完善提升生活、交通、教育、医疗等基础设施和公共服务，并以新型城镇化的功能提升和空间拓展反哺带动乡村建设。城镇化过程创造出巨大的需求和供给，为经济社会提供了强大的发展力量，但从我国发展不平衡不充分的国情来看，乡村发展除了借助城镇的外力拉动以外，还必须要充分调动内部活力来解决农村自身问题。

十九大报告首次提出乡村振兴战略，“农业农村农民问题是关系国计民生的根本性问题”深刻把握了“三农”在新时代城乡发展关系中的“稳定器”作用，“必须始终把解决好‘三农’问题作为全党工作重中之重”明确定位了“三农”在新时代全局工作中的“压舱石”地位，“坚持农业农村优先发展”准确指引了“三农”在新时代经济社会发展进程中的“助推器”功能。在城乡发展上强化乡村作为生态保障、生活保障、文明传承中的功能，突显资本、人才、土地、科技等要素在城乡之间的双向互配，我国进入了新型城镇化与乡村振兴双轮驱动的发展时期。从“城镇化”到“新型城镇化”再到“新型城镇化与乡村振兴双轮驱动”，是城乡发展重心良性互动的结果，发展导向由以城镇为主动能转向城乡双向并进，可以预见当前及今后一个时期是城乡发展动能转换和激发新的政策窗口期，乡村建设大有可为也必将大有作为。

**2. 从“新农村建设”到“美丽乡村建设”再到“乡村全面振兴”的发展深化**

伴随着我国城乡经济社会体制改革走向深入，乡村内生发展活力不断激发。进入 21 世纪，中央作出了“两个趋势”的判断，其中“三农”发展进入工业反哺农业、城市支持乡村的新阶段，标志城乡发展的基本方略开始发生根本性转变。2005 年党的十六届五中全会提出要按照“生产发展、生活宽裕、乡风文明、村容整洁、管理民主”的要求，扎实开展社会主义新农村建设，“物的新农村”和“人的新农村”建设开始持续推进，农业农村农民从发展的幕后登上舞台。党的十八大以来，以习近平同志为核心的党中央作出建设美丽中国的战略部署，指出“中国要美，农村必须美”，提出要继续推进社会主义新农村建设，为农民建设幸福家园和美丽乡村。

从政策层面上看，自 2004 年以来中央连续 17 年发布以“三农”为主题的“1 号文件”，农业现代化、农村改革、农民增收等方面的强农惠农富农政策体系基本建立健全；从实践进程上看，全国各地乡村发展持续加快，农村基础不断夯实，城乡差距逐步缩小，也出现了安徽省凤阳县小岗村、江苏省江阴市华西村、浙江省安吉县余村等先行村。新世纪以来，我国乡村改革与发展取得了举世瞩目的历史成就。党的十九大在作出中国特色社会主义进入新时代的重大判断的同时，把乡村振兴战略作为新时代七大战略之一并写进党章，对乡村发展进行“产业兴旺、生态宜居、乡风文明、治理有效、生活富裕”的全新部署，推动农业成为有奔头的产业、农民成为有吸引力的职业、农村成为安居乐业的美丽家园。从“新农村建设”到“美丽乡村建设”再到“乡村全面振兴”，乡村建设的内涵越来越丰富，“三农”发展的视域越来越清晰，可以坚信按照乡村振兴战略持续走下去，等待我们的终将是既留得住绿水青山、看得见浓浓乡愁、又有着诗和远方的美丽家园。

**3. 从“城乡统筹”到“城乡一体”再到“城乡融合”的时代创新**

马克思、恩格斯在分析社会发展时，提出了“城乡融合”的观点，明确指出消灭城乡对立是一个历史过程，当生产力高度发展时，城乡关系最终将由对立发展为“城乡融合”。“建立健全城乡融合发展体制机制和政策体系”“城镇和乡村是互促共进、共生共存的”“要重塑城乡关系，走城乡融合发展之路”，习近平总书记的一系列重要论述，指明了乡村振兴必须走城乡融合发展之路的大趋势。

2002 年党的十六大提出“统筹城乡经济社会发展的方略”，对我国城乡发展战略进行重大调整；党的十六届三中全会把“统筹城乡发展”放在“五个统筹”的突出位置；2006 年农业税全面废止标志着我国开始了“工业反哺农业、城市支持农村”的历史性转变；党的十七大明确提出“城乡一体化发展”；党的十八大进一步提出“加快形成以工促农、以城带乡、工农互惠、城乡一体的新型工农城乡关系”；十九大报告指出我国社会中最大的发展不平衡是城乡发展不平衡、最大的发展不充分是农村发展不充分，并进一步提出“建立健全城乡融合发展体制机制和政策体系”。从“城乡统筹”到“城乡一体”再到“城乡融合”的理论创新，是马克思主义关于城乡关系有关理论在中国与时俱进的最新理论成果和伟大实践。新时代的城乡融合，符合“城乡混沌一体——城乡分离与对立——城镇化——逆城镇化”的城乡发展历史规律，更多地体现制度的融合、功能的融合、市场的融合，是适应我国社会主要矛盾转化为人民日益增长的美好生活需要和不平衡不充分的发展之间的矛盾作出的重大理论创新。推进广西乡村振兴，就是要顺应城乡融合的发展趋势，破除城乡二元藩篱，推动城乡之间要素自由流动、平等交换，推动新型工业化、信息化、城镇化、农业现代化的同步发展，加快形成工农互促、城乡互补、全面融合、共同繁荣的新型工农城乡关系。

## 三、广西推进实施乡村振兴战略的进展成效

党的十八大以来，广西在农业农村发展和乡村建设方面部署推进了“美丽广西”乡村建设、现代特色农业示范区创建、现代特色农业产业品种品质品牌“10＋3”提升行动、乡村振兴产业发展基础设施公共服务能力提升三年行动计划、农村人居环境整治及乡村风貌提升三年行动等一系列重大举措；特别是党的十九大以后，全区上下在打

赢打好精准脱贫攻坚战的同时，更是以实施乡村振兴战略规划为统领深入推进乡村振兴，实现了良好开局、扎实起步的积极进展和明显成效。

### （一）在政策制度构建方面：初步构建框架体系

目前，广西已初步构建以《中共广西壮族自治区委员会关于实施乡村振兴战略的决定》《广西乡村振兴战略规划（2018—2022 年）》和《广西壮族自治区乡村规划建设管理条例》为统领、部署开展一系列三年行动的实施乡村振兴战略制度框架和政策体系。围绕《决定》和《规划》提出的“六大工程”“六大保障”，在自治区层面，建立了乡村振兴战略指标体系，部署了 114 项重大工程、重大计划、重大行动，推进了农村家庭经营承包土地和农村宅基地“三权分置”、集体经营性建设用地入市、农村集体产权制度改革、农村产权流转交易等一系列深层次的农村改革；在市县层面，各地也陆续出台了关于实施乡村振兴战略的决定和乡村振兴战略规划或实施方案；从自治区到市、县（市、区）基本形成了一个决定、一个总规划、多个专项规划或方案的“1＋1＋N”乡村振兴战略规划体系，初步构建了“一张蓝图”绘到底、推进建设“一盘棋”的战略格局。

### （二）在农村经济发展方面：稳中向好保持前列

2018 年，广西全区实现第一产业增加值 3 019.37 亿元，是全国达 3 000 亿元以上的 10 个省（自治区、直辖市）之一，比上年增长 5.6％，占 GDP 比重为 14.8％，对 GDP 的贡献率为 12.4％，对 GDP 增长的拉动为 0.8％；农林牧渔业总产值 4 909.2 亿元，比上年增长 5.6％，蔗糖、桑蚕、木材、畜禽、海洋渔业、林下经济、水果、蔬菜等特色产业处在全国靠前方阵，10 种产品产量或面积位居全国前 5；村级集体经济实现从无到有的“零突破”，基本消除了村级集体经济“空壳村”，全区年收入达到 2 万元以上的村有 10 944 个，占全区行政村总数的 76.8％，其中，4 300 个村达到 5 万元以上，占比达

30.2%，脱贫摘帽的 3 450 个贫困村集体经济年收入全部达到 3 万元以上（表 1、表 2）。

**表 1　2018 年广西农村经济发展情况**

| 指　　标 | 全国数值 | 广西数值 | 广西在全国排位 |
| --- | --- | --- | --- |
| 第一产业增加值 | 64 734.0 亿元 | 3 019.37 亿元 | 9 |
| 第一产业增加值占 GDP 比重 | 7.2% | 14.8% | 3 |
| 农林牧渔业总产值 | 113 579.5 亿元 | 4 909.2 亿元 | 10 |

资料来源：《中国统计年鉴・2019》。

**表 2　2018 年广西现代特色农业产业发展情况**

| 特色农业产业 | 广西数值 | 广西在全国排位 | 占全国比重 |
| --- | --- | --- | --- |
| 甘蔗产量 | 7 292.8 万吨 | 1 | 67.5% |
| 桑蚕茧产量 | 36.9 万吨 | 1 | 48.3% |
| 木材产量 | 3 174.8 立方米 | 1 | 36.0% |
| 松脂产量 | 69 万吨 | 1 | 50.2% |
| 油桐籽产量 | 8.6 万吨 | 1 | 24.6% |
| 水果产量（园林水果） | 2 116.6 万吨 | 3 | 8.2% |
| 蔬菜面积 | 1 439.7 千公顷 | 3 | 7.0% |
| 麻类产量 | 0.7 万吨 | 4 | 3.4% |
| 人工养殖海水产品产量 | 136.3 万吨 | 5 | 6.7% |
| 芝麻产量 | 1.2 万吨 | 5 | 2.8% |

资料来源：《中国统计年鉴・2019》。

## （三）在精准脱贫攻坚方面：决战决胜成效显著

减贫速度和减贫质量创出广西脱贫史上的最好成绩，2012—2018 年，广西全区累计减少建档立卡贫困人口 825 万人，实现 3 451 个贫困村和 10 个国家扶贫开发工作重点县（片区县）脱贫摘帽，贫困发生率从 18%降低至 3.3%，2016 年、2017 年、2018 年的减贫人数分别排在全国第 1、第 6 和第 5 位，是全国减贫人数最多的地区之一。“5＋2”“3＋1”产业扶贫成为全国的创新典范，截至 2019 年底，全区已遴选确定 68 个产业作为“5＋2”“3＋1”特色产业清单，全区有扶贫任务县“5＋2”特色产业覆盖贫困户 116.2 万户、覆盖率达 92.9%，产业发展有力支撑了全区贫困地区农民人均可支配收入 2017 年和 2018 年均保持 10%以上的中高速增长，且呈现两个“高于”的趋势（即收入高于全国贫困地区平均水平，且差距拉大；增速高于全区农民收入平均水平）（图 1、图 2）。

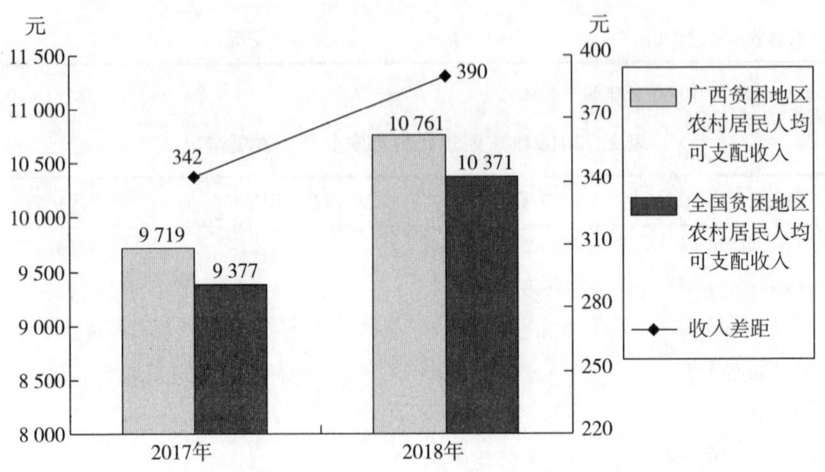


图 1　广西与全国贫困地区农村居民人均可支配收入对比

资料来源：广西和全国的 2017 年和 2018 年统计公报。

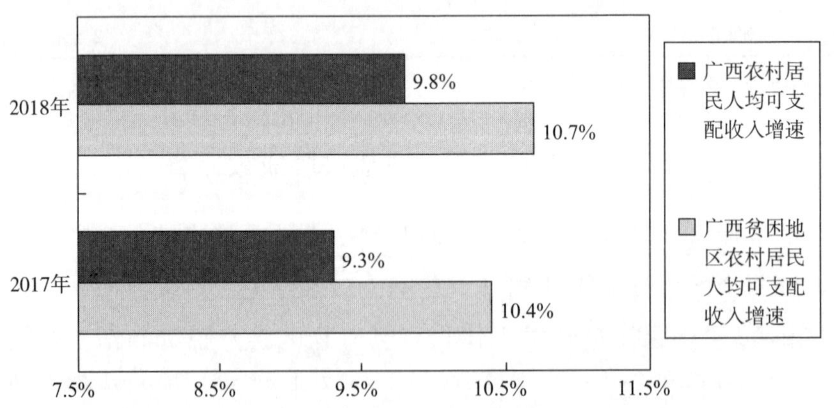


图 2　广西贫困地区农村居民人均可支配收入增速与全区平均水平对比

资料来源：2017 年和 2018 年的广西统计公报。

### (四)在农民生活提升方面：三高一小一降态势

从总体来看，广西农民生活水平持续提升，在农民人均可支配收入、城乡居民收入差距、农村居民家庭恩格尔系数方面呈现“三高一小一降”态势。农民收入水平持续提高，2018 年农村居民的工资性收入、经营净收入、财产净收入、转移净收入分别增长 13.8%、5.7%、30.4%、11.2%，农村居民人均可支配收入达 12 434.8 元、比上年增长 9.8%，农村居民人均可支配收入增速实现“三个高于”(即高于广西 GDP 增速、广西城镇居民收入增速和全国农民收入增速)。城乡居民收入差距持续缩小，2018 年的城乡居民收入比为 2.61∶1，倍差小于全国平均水平。农民生活质量持续增优，2018 年农村居民家庭恩格尔系数为 30.1%、与全国平均水平持平，已连续 10 年呈降低态势，即将进入低于 30%的富足阶段[①](图 3)。

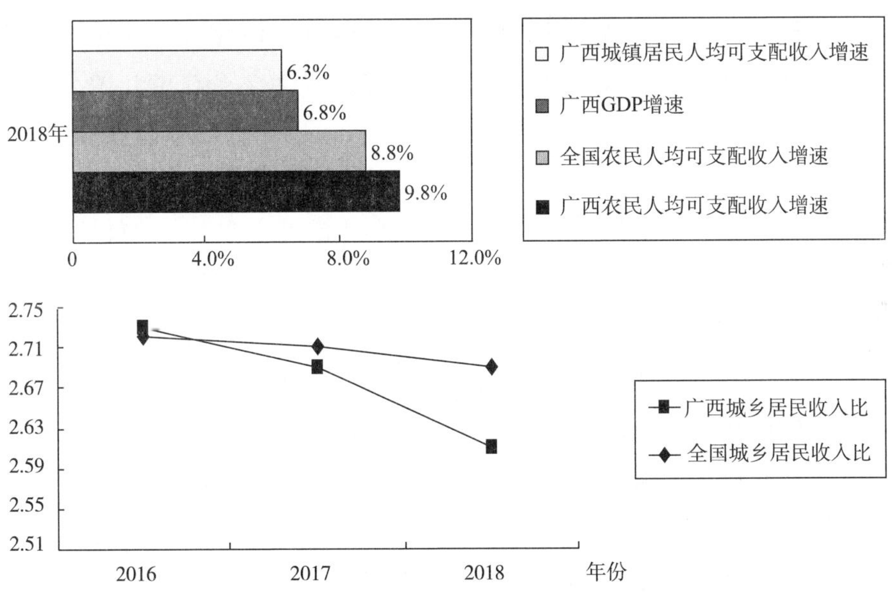


① 从传统的国际经验来看，发达国家或者富足国家的恩格尔系数一般在 20%～30%之间。

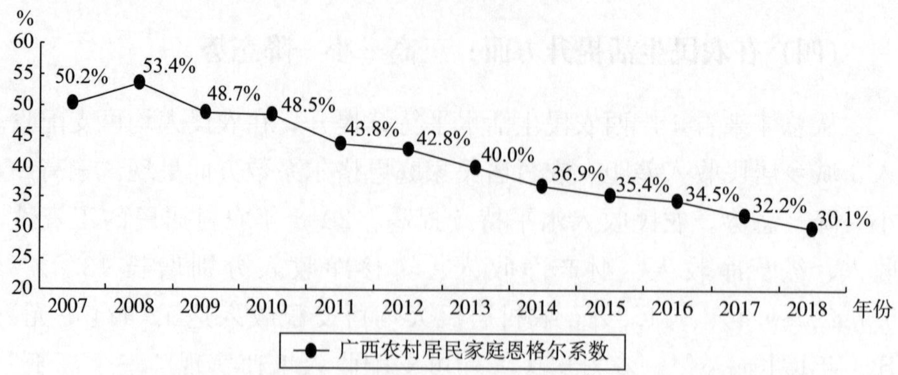


图 3 广西农民生活水平提升的“三高一小一降”态势

资料来源：《中国统计年鉴·2019》和《广西统计年鉴·2018》。

### （五）在乡村民生改善方面：宜居幸福指数提升

广西以“美丽广西”乡村建设为统领，统筹推进农村人居环境整治、乡村风貌提升、城乡基础设施和公共服务一体化等，乡村的宜居幸福指数持续提升。截至 2019 年 8 月，全区 5 万多个村屯开展了“三清三拆”工作，完成改造建设卫生户厕 1 025 万户、无害化户厕 655 万户、卫生公厕 27 604 座，农村生活垃圾处理率保持在 96%以上，经过整治的村屯生活污水处理率达到 70%以上；推进实施 32 条乡村风貌提升示范带建设，基本整治型村庄已开工 3.06 万个、竣工 5 372 个，设施完善型村庄已开工 362 个、竣工 100 个，精品示范型村庄已开工 88 个、竣工 11 个，完成绿化示范村屯建设超 1 万个、一般村屯建设 12.5 万个，桂风壮韵乡村风貌初显。乡村治理体系建设水平、农村乡风文明水平和农村基础设施水平稳步提升，城乡教育文化和医疗卫生差距不断缩小，农村社会保障体系不断健全，广西全区 94%的村屯订立了村规民约，整顿转化软弱涣散贫困村党组织 1 450 个，创建县级以上文明村镇达 50%以上，建设村级公共文化服务中心 1.1 万多个、覆盖 80%的行政村，乡镇、具备条件建制村通硬化路率分别达 100%和 99.9%，建制村通客车率达 92.46%，宜居文明乡村生活初现。

## （六）在规划指标评价方面：预期目标进展顺利

以广西和国家乡村振兴战略规划计划指标作为评价指标体系，采用广西预期目标完成率和国家预期目标完成率[①]对广西乡村振兴预期目标任务完成程度进行综合分析，2018 年广西完成的基础数据来源于广西壮族自治区党委农村工作领导小组办公室。

对比广西 2020 年预期目标，2018 年广西预期目标完成率达到 100%的分指标有 8 个，完成率在 1/2～2/3 的有 7 个，在 1/3～1/2 的有 6 个，小于 1/3 的有 6 个。以年平均完成率为 1/3 的预期目标看，2018 年广西有 77.8%的分指标已完成年度目标任务，仅有 22.2%的分指标未能完成年度目标任务（图 4 和表 3）。

（1）广西预期目标完成率高（100%）的指标有 8 项，占分指标总个数 29.6%。产业兴旺 1 项，生态宜居 2 项，乡风文明 2 项，治理有效 1 项，生活富裕 2 项。除农村义务教育学校专任教师本科以上学历比例、农村居民教育文化娱乐支出比外，其他 6 个指标的国家预期目标完成率也达到 100%。

（2）广西预期目标完成率较高（1/2～2/3）的指标有 7 项，平均完成率为 60.1%，占分指标总个数 25.9%。产业兴旺 3 项，乡风文明 2 项，治理有效 1 项，生活富裕 1 项。其中城乡居民收入比和建有综合服务站的村占比等 2 项指标的国家预期目标完成率达到 100%，县级及以上文明村和乡镇占比的国家预期目标完成率为 82.8%，三项指标均大于广西预期目标完成率。

（3）广西预期目标完成率较低（1/3～1/2）的指标有 6 项，平均完成率为 38.1%，占分指标总个数 22.2%。产业兴旺 2 项，生态宜居 1 项，乡风文明 1 项，治理有效 1 项，生活富裕 1 项。其中广西及其国家预期目标完成率均超过 1/3 的指标有畜禽粪污

① 广西预期目标完成率和国家预期目标完成率是指分别与广西预期目标值和国家预期目标值比较的广西目标任务完成率。

综合利用率、村综合性文化服务中心覆盖率和村庄规划管理覆盖率。

（4）广西预期目标完成率低（1/3以下）的指标有6项，平均完成率为18.6%，占分指标总个数22.2%。产业兴旺2项，生态宜居1项，治理有效2项，生活富裕1项。其中广西预期目标完成率大于30%的指标有农产品加工产值与农业总产值比、各类新型农业经营主体、村庄绿色覆盖率等3项指标，村庄绿色覆盖率的国家预期目标完成率为44.0%；广西预期目标完成率小于10%的指标有集体经济强村比重、村党组织书记兼任村委会主任的村占比和农村自来水普及率。这些指标都是接下来推进乡村振兴战略规划实施的重点和难点（图4、表3）。

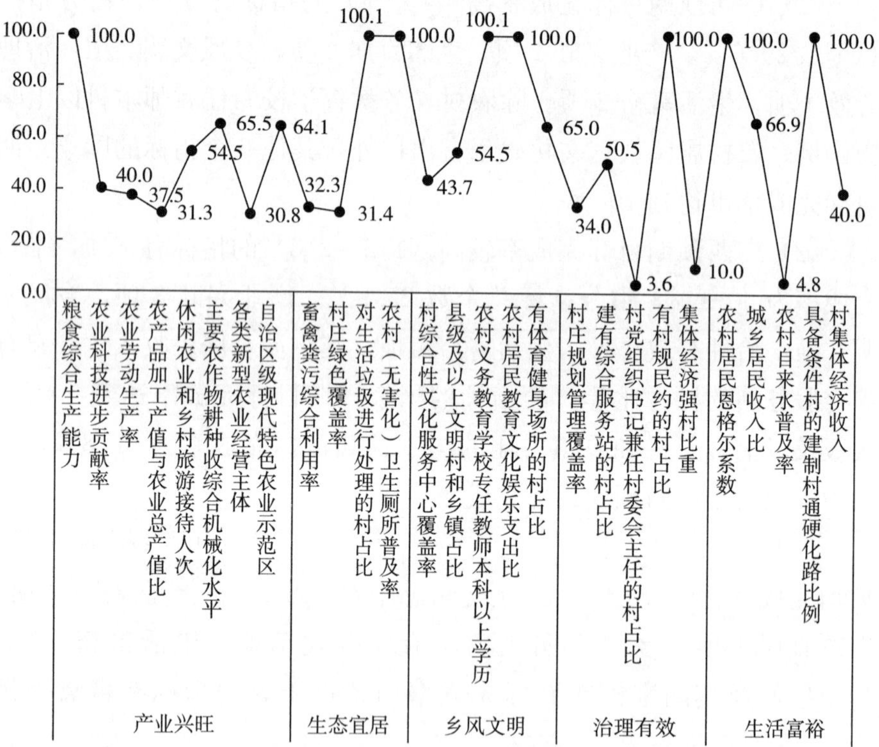


图4　广西乡村振兴战略规划预期目标完成程度

**表 3　2018 年广西乡村振兴战略规划进展情况**

| 目标任务完成率（X） | 指标项数 | 指标名称 | |
|---|---|---|---|
| 100％ | 1 | 产业兴旺 | 粮食综合生产能力* |
| | 2 | 生态宜居 | 对生活垃圾进行处理的村占比*、农村（无害化）卫生厕所普及率* |
| | 2 | 乡风文明 | 农村义务教育学校专任教师本科以上学历比例、农村居民教育文化娱乐支出比 |
| | 1 | 治理有效 | 有村规民约的村占比* |
| | 2 | 生活富裕 | 农村居民恩格尔系数*、具备条件村的建制村通硬化路比例* |
| 1/2＜X＜2/3 | 3 | 产业兴旺 | 主要农作物耕种收综合机械化水平、自治区级现代特色农业示范区、休闲农业和乡村旅游接待人次 |
| | 2 | 乡风文明 | 有体育健身场所的村占比、县级及以上文明村和乡镇占比* |
| | 1 | 治理有效 | 建有综合服务站的村占比* |
| | 1 | 生活富裕 | 城乡居民收入比* |
| 1/3＜X＜1/2 | 2 | 产业兴旺 | 农业劳动生产率、产业兴旺的农业科技进步贡献率 |
| | 1 | 生态宜居 | 畜禽粪污综合利用率* |
| | 1 | 乡风文明 | 村综合性文化服务中心覆盖率* |
| | 1 | 治理有效 | 村庄规划管理覆盖率* |
| | 1 | 生活富裕 | 村集体经济收入 |
| 1/3＜X＜1/2 | 2 | 产业兴旺 | 农产品加工产值与农业总产值比*、各类新型农业经营主体 |
| | 1 | 生态宜居 | 村庄绿色覆盖率* |
| | 2 | 治理有效 | 集体经济强村比重*、村党组织书记兼任村委会主任的村占比* |
| | 1 | 生活富裕 | 农村自来水普及率* |

注：“*”为该指标同时在广西和国家完成率分组区域。

## 四、广西乡村发展总体态势的分析研判

当前，我国乡村发展内外部环境正在发生深刻变化，新时代广西乡村振兴也面临着与全国既相似又不同的新态势。广西和全国一样，

都已经开启了实施乡村振兴战略的全新征程，且正处于脱贫、小康、振兴全面交汇的特殊阶段，只有准确把握和客观判断乡村的发展态势及阶段特征，才能科学找准实施乡村振兴战略的路径选择，才能切实走好壮美广西的乡村振兴特色路径。

### （一）从城乡融合的发展全局来看：广西是在新型城镇化、工业化向前发展中同步推进城乡融合发展

2018 年，广西人均 GDP 刚刚突破 5 900 美元，比全国平均水平低 3 300 多美元，是不到 6 000 美元的 4 个省区之一，即将进入总体中等收入阶段，而全国已有 7 个省市（北京、上海、天津、江苏、浙江、福建、广东）人均 GDP 达 1.2 万美元、步入总体高收入阶段；常住人口城镇化率首次超过 50%大关、达到 50.22%，实现从乡村型社会到城市型社会的历史性转变，但仍落后全国 9.36 个百分点，仅高于云南、甘肃、贵州、西藏四省区；工业化率为 29.96%，比全国平均水平低 3.94 个百分点，4.7%的工业增加值增速比全国平均水平低 1.4 个百分点、增速排全国第 22；第一产业增加值占 GDP 比重仍处在 15%左右的相对高位徘徊，是全国平均水平的 2 倍，比重仍高于 10%的仅有 9 个省[①]。从经济社会发展的总体看，与我国东部地区和中西部部分较发达地区是在城镇化、工业化发展程度较高，且一产占 GDP 比重低于 10%的情况下进入新时代城乡融合发展新格局不同，广西由于历史原因和多重因素，在城镇化、工业化整体进程上落后于全国平均水平，是在城镇化、工业化向前发展中同时进入城乡融合发展阶段，依托城镇化和工业化来辐射带动农业农村现代化的能力总体偏弱，乡村振兴的外部拉动有限。如 2018 年广西农民收入来源中，工资性收入仅占 29.69%，比重在全国一产增加值 3 000 亿元以上的 10 个省中仅高于黑龙江（图 5）。

① 从全球的发展经验来看，第一产业增加值占整个 GDP 的 10%是国民经济的转折点。

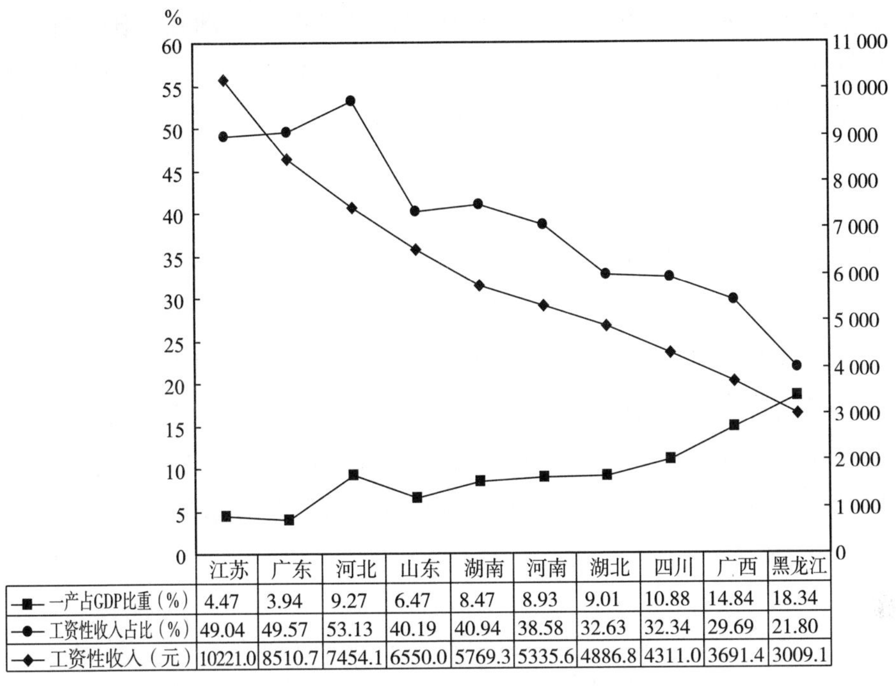


| | 江苏 | 广东 | 河北 | 山东 | 湖南 | 河南 | 湖北 | 四川 | 广西 | 黑龙江 |
|---|---|---|---|---|---|---|---|---|---|---|
| 一产占GDP比重（%） | 4.47 | 3.94 | 9.27 | 6.47 | 8.47 | 8.93 | 9.01 | 10.88 | 14.84 | 18.34 |
| 工资性收入占比（%） | 49.04 | 49.57 | 53.13 | 40.19 | 40.94 | 38.58 | 32.63 | 32.34 | 29.69 | 21.80 |
| 工资性收入（元） | 10221.0 | 8510.7 | 7454.1 | 6550.0 | 5769.3 | 5335.6 | 4886.8 | 4311.0 | 3691.4 | 3009.1 |

图5　2018年10省区的一产占GDP比重、工资性收入占比、工资性收入

资料来源：《中国统计年鉴·2019》。

## （二）从乡村振兴的内在支撑来看：广西具备农业大、生态美、文化丰的多维基础

### 1. 农业大省区基础厚实

广西第一产业增加值自2005年以来的14年间，有13年排进全国前十方阵，占GDP比重一直高居全国前五，第一产业增加值总量大、占比高，从一个侧面反映出广西农业农村经济基础相对厚实以及在全国中的农业大省区地位。2018年，广西5.6%的一产增速在全国排第3、在一产增加值3 000亿元以上的10个省中高居第1，比全国平均水平高出2.1个百分点，比广西二产、工业增速分别高出1.3个百分点、0.9个百分点；12.4%的一产对GDP贡献率在全国排第3，仅低于黑龙江省（14.6%）和海南省（14.2%），

是全国平均水平的约 3 倍；0.8%的对 GDP 增长拉动在全国排第 2，仅低于云南省（0.9%），是全国平均水平的 2.7 倍；在 2018 年全区规模以上工业增长最快的五个门类中，木材加工和木竹藤棕草制品业增加值以增长 19.6%排第 2，农副食品加工业增加值以增长 15.8%排第 5。在整个国民经济构成中，广西的农业农村经济一直稳定保持在全国前列，对广西经济高质量发展形成有力促进，且与二产、工业相比，一产增加值增速曲线相对平稳，发挥了压舱石作用，乡村振兴的内在支撑较好。如在 2018 年广西农民收入来源中，经营净收入占比在四大块收入来源中最高，仍是农民的主要收入来源；高达 43.37%的比重在全国排第 9，在一产增加值 3 000亿元以上的 10 个省中仅排在黑龙江和山东之后位居第 3（图 6、图 7）。

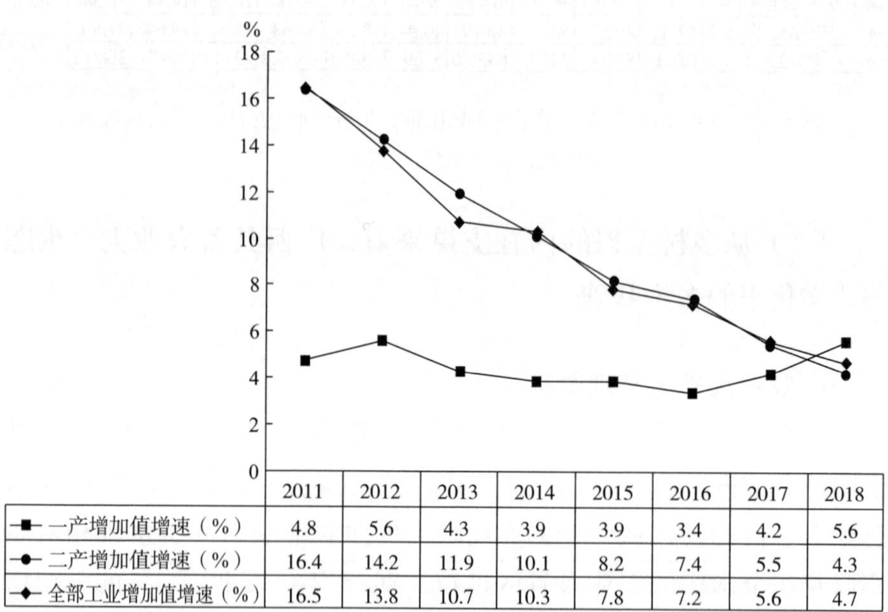


| | 2011 | 2012 | 2013 | 2014 | 2015 | 2016 | 2017 | 2018 |
|---|---|---|---|---|---|---|---|---|
| ■ 一产增加值增速（%） | 4.8 | 5.6 | 4.3 | 3.9 | 3.9 | 3.4 | 4.2 | 5.6 |
| ● 二产增加值增速（%） | 16.4 | 14.2 | 11.9 | 10.1 | 8.2 | 7.4 | 5.5 | 4.3 |
| ◆ 全部工业增加值增速（%） | 16.5 | 13.8 | 10.7 | 10.3 | 7.8 | 7.2 | 5.6 | 4.7 |

图 6 “十二五”以来广西一产、二产、工业的增速曲线

资料来源：历年的广西统计公报。

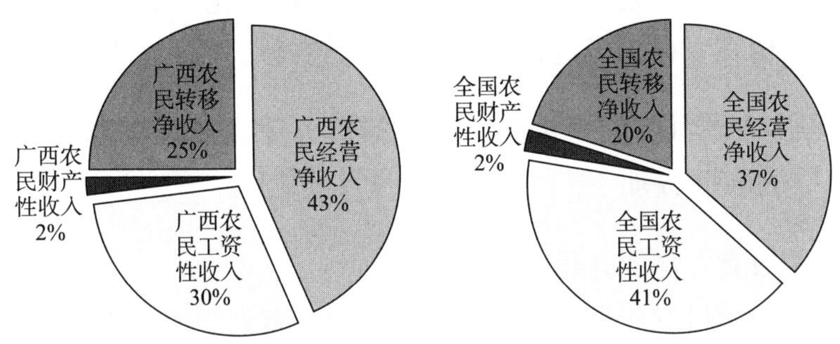


图 7　2018 年广西和全国的农民经营净收入占比情况

资料来源：《中国统计年鉴·2019》。

**2. “山清水秀生态美”金字招牌**

广西兼具热带和温带的资源优势，兼具山海边的特色风情，有山、有海、有河、有湖、有林、有石、有岛等丰富多样的生态资源，喀斯特、天坑、丹霞、泉湖、溶洞、瀑布、梯田等生态景观绚丽多姿，森林覆盖率 62.37%居全国第 6，是目前调查发现的全国连片面积最大的富硒区域，在山清水秀生态美方面自古就以“山水甲天下”而闻名于世。尤其是近年来，广西持续推进“绿满八桂”植树造林工程、“美丽广西”乡村建设、乡村风貌提升行动和农村人居环境整治行动，乡村生态环境、宜居程度和农业多功能性显著提升。“广西生态优势金不换”，良好的生态基础为广西发展优质特色农产品、打造生态宜居乡村人居环境、开发乡村休闲旅游提供了良好条件。

**3. 多元文化丰富多彩**

广西是全国 5 个少数民族自治区之一，少数民族自治县多达 12 个，世居少数民族多达 11 个，其中壮族、瑶族人口在全国最多，还是京族、毛南族、仫佬族的唯一居住地。各民族民俗文脉历史悠久、农耕文明源远流长，一大批民族文化品牌、民族文化遗产、民族文艺文学、民族民俗文化和民族工艺品构成了广西乡村丰富多彩的文化底蕴，壮族三月三、刘三姐、骆越花山岩画、灵渠、侗族风雨桥、彩调剧、布洛陀诗经、壮锦、绣球、铜鼓、炮龙节、吃新节、疍家文化、那文化等民族民俗文化和农耕文明的元素历久弥新。多元文化的和谐共生、充分融合，使广西成为全国最具民族文化发展潜力的地区之一，使广西在乡村振兴过程中有着浓浓的乡愁、独具文脉的魅力。

### （三）从全面交汇的阶段趋势来看：广西面临“衔接”“同在”“转向”的同期叠加

#### 1. “收官”与“开局”的衔接

从广西乡村发展进程的整体看，当前和直到全面建成小康社会前的这段时期，广西都将处于脱贫攻坚收官与乡村振兴开局有机衔接的特殊阶段。脱贫攻坚进入啃最难啃硬骨头、攻城拔寨的紧要关头，2019 年和 2020 年全区还有 1 262 个深度贫困村、61.16 万深度贫困地区贫困人口的脱贫任务需要完成，面临解决贫中之贫、困中之困的难题；同时，乡村振兴的集结号已经吹响，乡村振兴战略规划的第一个五年目标任务已经明确，面对着脱贫还不能松劲、振兴已经要发力的局面。因此，在这个阶段广西必须“两手抓”，既要“一手”确保脱贫攻坚任务的如期完成，即在 2020 年完成脱贫任务前仍然要坚持以脱贫攻坚为重心，也要“一手”推动脱贫攻坚与乡村振兴的有机衔接，以提高扶贫脱贫的成色和质量来最大程度地夯实乡村发展的基础，进而确保全面小康社会建成和促进乡村振兴全面起步、顺利开局。

#### 2. “快”与“慢”的同在

从广西贫困地区发展的现状看，贫困地区追赶的步伐快（2018 年，全区 54 个国定和区定贫困县中，有 27 个县第一产业增加值增速、39 个县农民收入增速分别高于全区平均水平），但总体的发展还是慢（2018 年，全区国定贫困县农民收入低于全区平均水平 1 673.8元；2017 年，54 个国定和区定贫困县中有 45 个县人均 GDP 低于全区平均水平）；虽然在脱贫攻坚中摆脱了贫困，实现了脱贫摘帽，但 54 个贫困县（国定县、区定县、待遇县）仍然落后于其他地区。这些后发展地区迫切需要把脱贫攻坚的强劲动力转化为乡村振兴的全新动能，这就要求广西在脱贫攻坚冲刺的同时为脱贫地区乡村振兴提前做好群众观念、发展规划和支持政策上的衔接，并在夺取脱贫攻坚全面胜利后以乡村振兴战略继续激发后发展地区的内生动力和外在活力，助力破解相对落后，实现全面振兴和共同富裕。

**3. “断”与“接”的转向**

脱贫攻坚让所有民族、所有贫困地区和所有贫困人口一道迈入小康，使广西建成全面小康社会中基础最弱、发展最难的部分得到解决，取得的决定性进展和历史性成效为广西乡村全面振兴补上短板。但是，脱贫攻坚更多的是靠政策的特惠性、投入的输入性，在2020年打赢脱贫攻坚战、建成全面小康社会的政策效应释放完毕的后发展阶段，脱贫但仍落后的后发展地区将面对体制机制衔接断链、产业后续发展断层、内生动力激发断档的局面，面临从脱贫到振兴衔接的“转向”问题，必须要在衔接的导向、衔接的重点、衔接的路径上做好文章，把现有的攻坚帮扶举措逐步调整为振兴的日常发展措施，实现乡村振兴与脱贫攻坚的有机衔接和平稳过渡。

## 五、新时代壮美广西乡村振兴特色路径的对策建议

以习近平新时代中国特色社会主义思想为引领，深入贯彻习近平总书记对广西工作的重要指示精神，全面落实“三大定位”新使命和“五个扎实”新要求，坚持走中国特色社会主义乡村振兴道路，聚集实施乡村振兴战略的总目标、总方针和总要求，通过深化机制改革、推进优势转化和强化关键衔接，走出壮美广西的乡村振兴特色路径，谱写新时代广西乡村振兴新篇章。

### （一）深化机制改革，构筑乡村振兴的制度保障

紧紧抓住“钱、地、人”等核心问题，破除城乡二元体制藩篱，走好机制改革之路，促进要素在城乡之间平衡、顺畅、高效流动，构筑乡村振兴强效有力的制度保障。

**1. 构建“钱”的机制**

建立有利于各类资金向农业农村流动的体制机制，统筹用好财政项目资金、金融信贷资金、社会工商资本和乡村自有资金，实现推进乡村振兴的多元投入保障。

**一要改革财政支农投入机制。**一方面，要坚持把农业农村作为财政支出的优先领域，确保农业农村投入适度增加。各级财政支出要把农业农村作为优先领域，各级财政投入要与乡村振兴目标任务相适应、相匹配。改进耕地占补平衡管理办法，提高农村土地出让增值收益反哺投向农业农村的比例，增加部分用于设立乡村振兴引导基金。另一方面，要做好“整合”和“撬动”两篇文章，更高效地发挥财政资金作用。“整合”，就是要发挥规划的统筹引领作用，把各类涉农资金尽可能打捆使用，形成合力。“撬动”，就是要通过以奖代补、贴息、担保等方式，发挥财政资金的杠杆作用，引导金融和社会资本更多地投向农业农村。要把资金项目统筹的话语权、整合的主动权交给地方，建立健全乡村振兴资金项目主要在县域统筹整合的长效机制，切实提高财政资金的效率和效益。

**二要创新农村金融服务机制。**健全金融创新服务机制，推动更多金融资源配置到乡村发展重点领域和薄弱环节。一方面，从“建机制”和“建机构”双管齐下解决投放“三农”贷款不足的问题。“建机制”，就是要落实涉农贷款增量奖励政策，对涉农业务达到一定比例的金融机构实行差别化监管和考核办法，适当下放县域分支机构业务审批权限，解决投放“三农”贷款积极性不足的问题。“建机构”，就是要优化村镇银行设立模式、提高县市覆盖面，开展农民合作社内部信用合作，支持现有大型金融机构增加县域网点，解决投放“三农”贷款市场主体不足的问题。另一方面，创新金融支农产品和服务。鼓励设区市、县（市、区）设立风险补偿基金，推动政策性担保公司为村集体担保。引导金融机构探索开展农村承包土地经营权、农民住房财产权等抵押贷款业务，推行农业产业链贷款、生产订单融资等融资模式。

**三要完善社会资本参与乡村振兴机制。**建立完善工商资本参与乡村振兴的准入机制，加强对租赁农户承包地的监管，重点支持以PPP、公建民营等形式投入乡村人居环境和基础设施建设，鼓励到农村发展适合企业化经营的现代种养业、农业服务业、农产品加工业以及休闲旅游健康养老等产业。优化农村营商环境，深化“放管服”改革，制定出台鼓励支持工商资本参与乡村振兴的普惠政策，对新型农业经营主体实施乡村产业项目给予税费减免、融资贷款、用地指标等优先优惠。充分激发乡村自有资金活力，鼓励、引导村集体经济组织和广大农户通过自主投入发展产业、资金互助开展经营、联合抱团投资经营、以资金入股龙头企业参与经营等方式参与乡村经济发展，在乡村振兴过程中实现进一步的资本积累和共享更多的增值收益。

**2. 构建“地”的机制**

深化农村土地制度、产权制度等农村改革，重点以农村家庭经营承包地、宅基地和集体经营性建设用地的还权赋能为核心，推进所有权和用益物权分离，使农村土地资源在乡村振兴中发挥更大作用。

**一要健全以农业现代化为目标的农村土地“三权分置”机制。**在全面完成第二轮农村家庭经营承包土地确权登记颁证的基础上，推进农村土地“三权分置”，巩固集体所有权和稳定农户承包权，推动农户的承包地经营权有序流转和入市交易，放活新型农业经营主体的流转经营权。一方面，大力推进农村承包地经营权特别是闲置耕地流转，通过经营权出租、入股、托管等流转方式重点盘活闲置的耕地和效益低的耕地，促进适应规模化、集约化、科技化、产业化要求的适度规模经营，发挥农村土地的最大效益。另一方面，探索新型农业经营主体手中的流转经营权的权能实现形式，赋予流转经营权的资产化权能，允许新型农业经营主体以流转经营权进行市场行为和抵押融资，实现农村土地制度改革与农村金融改革深度衔接的红利释放。

**二要健全以盘活闲置宅基地为重点的农村宅基地“三权分置”机制。**稳妥推进房地一体的农村集体建设用地和宅基地使用权确权登记颁证，以推进宅基地所有权、资格权、使用权“三权分置”为重点，适度放活宅基地和农民房屋使用权。完善农民闲置宅基地和闲置农房政策，在不以买卖农村宅基地为出发点的前提下，探索盘活利用闲置宅基地和农房增加农民财产性收入的办法，通过闲置宅基地整理、农房统一开发经营和农房抵押贷款等，激活农村闲置宅基地和农房资源。鼓励村集体经济组织将统一规划整治、宅基地整理等节约出来的宅基地、农房，结合当地现代特色农业示范区、田园综合体建设，结合下乡返乡创新创业，结合文旅、康养、民宿等乡村新产业新业态等，以自主开发、入股项目、产业联营等方式进行项目开发。

**三要健全以城乡等效交换为核心的集体经营性建设用地入市机制。**在总结北流市集体经营性建设用地入市全国试点经验基础上，逐步扩大范围，探索建立广西农村集体经营性建设用地入市的地方性试行制度和办法。有序开展县域乡村闲置集体建设用地、闲置宅基地、村庄空闲地、厂矿废弃地等农村全域土地综合整治，推进农田适度集中连片、建设用地适度集中集聚、居民适度集中居住。按照国家统一部署，开展农村集体经营性建设用地入市，允许就地入市或异地调整入市，允许村集体在农民自愿前提下，依法把有偿收回的闲置宅基地、废弃的集体公益性建设用地转变为集体经营性建设用地入市。推动城中村、城边村、村集体企业（厂房）等可连片开发区域土地依法合规整体入市。由集体经济组织作为入市实施主体，推进土地入市和集体资产一体化运营。

**四要健全有利于乡村振兴的农村土地管理机制。**加大农村产业建设用地保障力度，探索针对乡村产业的自治区、设区市、县（市、区）联动“点供”用地。健全农村产权流转交易机制，建立全区统一的农村产权流转交易市场体系。健全城乡建设用地增减挂钩节余指标有偿使用机制，增减挂钩项目拆旧区复垦的周转指标，允许节余指标进入县级交易平台公开交易，支持乡村以节余指标与发达地区开展“飞地经济”合作，支持村集体经济组织使用节余指标跨区域入股参与城镇经济开发区、工业园区建设或产业项目经营。建立土地增值收益合理分配机制，提高土地出让收入用于农业农村的比例，健全县、乡、村三级收益共享分成机制。建立农村宅基地有偿腾退机制，鼓励进城落户农民自愿退出合法的闲置宅基地，引导“一户多宅”农户主动将多占宅基地复垦，在保障本集体经济组织成员宅基地合理需求的前提下，腾退指标纳入增减挂钩实施范围进行复垦，在符合规划的前提下也可作为村集体经营性建设用地使用。

**3. 构建“人”的机制**

聚焦乡村人才振兴，优化乡村人才创业创新环境，建立健全城乡人才双向流动和良性发展机制，通过政策引导、畅通渠道、建立平台等推动更多的市民下乡、能人回乡和企业兴乡。

**一要健全社会人才返乡下乡机制。**做好“引流”和“回流”的文章，拓宽“引才道”，大开“归家门”，以“乡愁”“乡根”吸引从农村走出去的社会人才返乡回乡就业创业。大力实施乡村人才“回归工程”，优化营商环境吸引外出创业成功的企业家回到乡村投资兴业，服务乡村振兴；创造机会条件鼓励进城务工人员、大中专毕业生、退伍军人等有一定市场经济意识、文化程度和专业技能的农村外出群体返乡创业就业，成为实施乡村振兴战略的有生力量；健全机制平台鼓励专家学者、机关退休公务员、企事业单位退休人员、贫困村第一书记和挂职干部、支农支教支医志愿者等有识之士去到农村服务，成为助推乡村振兴的新乡贤。

**二要健全乡村本土优秀人才培养机制。**激发乡村本土人才活力，大力实施农村青年创业“领头雁”培育计划和农村实用人才带头人培训工程，挖掘一批留守农村、专心农业的“土专家”“田秀才”“农博士”，加快培育一批青年农场主、农民企业家、农村职业经理人。加强农业后继者培养，鼓励本地农业院校定向招录培养有志于乡村振兴的“农二代”，对大中专毕业生、大学生村官、青年农场主等愿意扎根基层、服务乡村振兴的，在职称评定、职级晋升、住房补贴、配偶子女随迁安排等方面给予特惠政策待遇。加快新型职业农民培育，推进建设广西职业农民学院，将种养能手、分散经营小农户、贫困户、回乡务农创业毕业生、就地就业青壮年农民工等作为重点对象纳入新型职业农民培育计划，有针对性地开展返乡创业职业技能培训、农业先进适用技术培训和农村经济现代经营管理培训。

**三要健全乡村人才良性发展机制。**建立覆盖自治区、设区市、县（市、区）的乡村人才发展长效机制，通过出台支持政策措施，安排专项资金扶持创业项目，以及搭建返乡创业园、农村创客基地和星创基地、乡村创业创新孵化中心等平台，对到乡村发展的人才给予最大力度的支持扶持。健全乡村振兴人才引进激励机制，推动自治区、设区市、县市区的高层次人才引进工程向实施乡村振兴战略倾斜，鼓励支持区内高等院校、科研单位和智库机构与全区 14 个市、111 个县（市、区）深度开展产学研推联盟和离岸孵化等多种形式的战略合作，鼓励探索人才驿站、人才菜单、科技特派员等通过政府购买服务实现的城市人才定期服务乡村模式，实施基层农技推广服务特聘计划，实施乡村振兴科技成果转化奖励计划，以激励机制引导农村人力资源配置。

## （二）推进优势转化，构筑乡村振兴的多维支撑

充分发挥特色农业优势、山清水秀生态优势、丰富多彩文化优势和沿海沿边沿江区位优势等广西乡村发展的基础优势，走好优势转化之路，构筑乡村振兴极具特色的多维支撑。

### 1. 推进特色农业优势转化形成产业高质量发展

立足广西农业大省区和特色作物资源丰富的特色农业优势，以实施特色农业强优工程为抓手，推进现代特色农业高质量发展，加快农业大省区向现代特色农业强区迈进。

**一是以一二三产融合推进乡村产业高质量发展。**推进农产品加工业提升，大力发展主导产业的产地初加工以及粮食、糖业、桑蚕、水果、蔬菜、茶叶、林木林化、木本油料等特色优势农产品的精深加工，积极开发养生保健、食药同源加工食品，发展地方特色功能性食品，推进副产物综合利用，加快建设一批农产品加工园区和培育一批加工型龙头企业。推进农业多功能融合，结合现代特色农业示范园

区、特色小镇和田园综合体等打造创建，深入挖掘和拓展农业的非农价值，因地制宜发展休闲农场、休闲渔业、民俗秀场、乡村民宿、森林人家等一批精品项目，推动农业与旅游、教育、文化、健康养生等产业深度融合。推进新产业新业态兴起，积极发展“互联网＋”“旅游＋”“生态＋”现代农业，加快发展电商经济、共享经济、创意农业、体验农业、中央厨房、农产品个性化定制服务、体育休闲产业等乡村新产业新业态，鼓励发展生产、生活、生态有机结合的功能复合型农业。推进农产品流通体系健全，建立自治区、市、县三级冷链物流体系和覆盖城乡的冷链物流网点，支持农产品主产区冷库建设和田头储藏设施建设，推动农产品流通企业与新型农业经营主体通过订单农业、直采直销、投资合作等方式有效对接，拓展“南菜北运”“西菜东运”和粤港澳优质“菜篮子”等农产品跨区域流通。

**二是以农业品牌建设引领乡村产业高质量发展。**实施农业品牌提升行动，全力塑造“绿水青山、长寿壮乡”和“广西好嘢”的广西农产品品牌整体形象，在全国打响柳州螺蛳粉、梧州六堡茶、百色芒果、横县茉莉花等一批“桂”字号区域公用品牌、产品品牌和企业品牌，打造一批具有较大知名度的“桂”字号富硒农产品品牌，大力培育和扶持具有较强开发加工能力和市场拓展能力的龙头企业、专业合作社、行业协会、家庭农场等新型农业品牌经营主体。加快广西特色农产品品牌创立，支持各类农产品生产经营主体深度挖掘产品价值内涵和富硒功能特色等，培育高品质、高价值的品牌。加强广西品牌农产品展示展销，持续开展广西特产行销全国活动，推动桂茶、桂酒、桂果等品牌农产品“进高速、进高铁、进机场、进地铁、进商超、进酒店、进景区”。推进绿色食品、有机农产品、农产品地理标志、富硒农产品认证和管理，开展绿色食品综合示范园区、有机农业示范基地建设以及以县域为基础的国家农产品地理标志登记保护示范样板创建。

**三是以农业科技创新支撑乡村产业高质量发展。**巩固提升粮食综合产能，推进藏粮于地、藏粮于技，确保粮食综合生产能力稳定在

1 500万吨/年左右，积极培育消费者认可的“中国好粮油”广西原产地产品。大力发展现代种业计划，加强地方种质资源保护与开发利用，加大甘蔗、蚕桑、水果等优势特色产业良种攻关和加工型品种引进力度，培育一批有突破性、有竞争力的“桂”字号品种，发展一批“育繁推”一体化种子企业。加强科技自主创新和基层农技推广，推进科技创新目标从农产品“增产量”向“调结构”和“提品质”转变，开展产学研融合的科研协同攻关和技术协同推广，建设新品种新技术成果转移转化示范县和示范基地，建立小农户与现代农业发展有机融合科技示范带动模式。

**四是以新型经营主体带动乡村产业高质量发展。**大力发展专业大户、家庭农场、农民合作社、龙头企业等新型农业经营主体，构建家庭经营、企业经营、合作经营等共同发展的新型农业经营体系，力争到2020年末全区各类新型农业经营主体总数达6.8万家左右。实施重点农业产业化龙头企业培育成长计划，通过国有涉农企业资产优化重组打造一批国内一流的大型现代农业企业，通过农业招商引资引进一批有实力的大型农业产业化龙头企业，支持农业企业通过兼并重组等方式实行全产业链发展，引导农业企业通过土地流转、股份合作、生产托管等形式开展适度规模经营。实施农民合作社和家庭农场综合提升计划，支持农民合作社开展农产品加工流通和社会化服务，加快发展生产、供销、信用“三位一体”的农民合作社联合社，鼓励家庭农场参与各类农业园区建设，支持农民合作社、家庭农场参与农村土地整理和连片开发并纳入政策扶持范围。

**五是以现代园区创建领航乡村产业高质量发展。**推进现代特色农业示范区产业升级、技术升级、改革升级，促进示范区主导产业产加销、农工贸一体化发展，推动依托示范区为载体的农文旅结合、产村产镇融合。加快推进“三园一体”建设，创建一批国家现代农业产业园、科技园、创业园，支持有条件的现代特色农业示范区升级建设集循环农业、创意农业、农事体验于一体的田园综合体。开展农村产业融合发展试点示范，创建一批农村产业融合发展示范园。以现代特色农业示范区、现代农业产业园、农村产业融合发展示范园、特色农产品优势区、农业产业强镇和田园综合体为平台，以粮食、糖料蔗、水果、蔬菜、茶叶、蚕桑、食用菌、罗非鱼、肉牛肉羊、生猪等种养产业和富硒农业、有机循环农业、休闲农业为重点，打造粮食、蔗糖、水果、蔬菜、渔业、优质家畜六大千亿元产业，强化龙头带动，延长产业链，打造现代农业产业发展集群。

**2. 推进山清水秀生态优势转化形成金山银山经济**

立足广西“山清水秀生态美”的乡村生态优势，做优生态特色，壮大生态产业，构建健全的绿色生态产业链，充分释放生态红利，走乡村绿色发展道路，实现绿水青山向金山银山的转化。

**一是构建人与自然和谐共生的农业绿色发展新格局。**以空间优化、资源节约、环境友好、生态稳定为基本路径，尊重农业发展规律，转变农业发展方式，节约利用资源，保护产地环境，提升生态服务功能，全力构建与资源环境承载力相匹配、与生产生活生态相协调，人与自然和谐共生的农业绿色发展新格局。推进实施好耕地质量保护与提升行动、土壤污染防治行动计划、动植物保护能力提升行动，综合推广测土配方施肥、秸秆还田、水肥一体化、农作物病虫害绿色防控和统防统治、动物疫病联防联控等绿色生产，持续改善农业生产生态环境。推行农业绿色循环低碳生产方式，推广“微生物＋”等生态养殖模式和稻鱼共生等生态综合种养，推动农作物秸秆、畜禽粪污、林业“三剩物”等资源化利用，推进农业投入品和农产品质量安全追溯体系建设，创建国家农产品质量安全县，建设工农复合型循环经济示范区，加快打造农业绿色发展先行区。

**二是构建保护优先合理开发的山水资源利用新格局。**合理适度开发森林、湿地等生态资源，把蕴藏在绿水青山之间的经济价值挖掘出来，拓展山水资源和生态景观的功能，促进乡村自然资本增值，走经济发展和生态文明相辅相成的新路子，实现生态和经济良性循环。一方面，要护好“青山绿水”。严格划定生态红线和用途管制，全面加强河湖湿地、红树林、海洋、公益林、天然林等重点生态系统以及饮用水水源保护区等重点生态功能区的保护和修复，科学划定江河湖海限捕、禁捕区域和水产畜禽禁养区、限养区、养殖区，完善跨省界流域环境污染和生态破坏联防联控协调机制。另一方面，要用好“青山绿水”。推进乡村生态资源与休闲旅游、农耕体验、文化传承、健康养生、养老服务等产业融合，大力发展有机生态农业、集约高效服务业、生态旅游业等生态产业，推动生态服务产业集聚发展，创建特色生态旅游示范村镇和精品线路，打造全域旅游、全域康养、全域宜居的世界山水生态胜地。

**三是构建三生融合城乡协同的美丽乡村建设新格局。**统筹安排、合理布局生态、生产、生活三大类空间，适度集中生产空间，推进生产空间的高效集约和生活空间的有机集中，减缓生产对生活空间和生态空间的挤压，构建适应于乡村绿色发展需求的三生空间结构。提升乡村生产、生活空间与生态空间的融合度，增加生活空间中绿色基础设施和绿色公共空间的建设，推进生产空间发展的绿色化和生态化，在传统的生活空间中植入文化创意产业新型的生产活动，为乡村发展带来新的业态和新的动力。优化乡村生态空间，构建以山、水、湖为骨干和以田、林、草为基底的生态安全绿色发展空间体系，打造乡村绿色发展底色。丰富乡村生产空间功能，加大生产空间的复合化利用程度，提升旅游休闲、文化创意等新型绿色生产空间的比例，实现乡村生产空间的集约化、高效化和绿色化转型。重构乡村生活空间格局，引导小散居民点的村民向中心村集聚，对“空心化”程度较高的村庄进行搬迁引导，持续推进农村人居环境整治和乡村风貌提升。

**3. 推进丰富多彩文化优势转化形成“桂风壮韵”底蕴**

立足广西丰富多彩的乡村文化优势，丰富、提升乡村文化的内涵和品质，促进乡村文化与城乡经济实现多业态、多渠道的跨界融合，以“桂风壮韵”为广西乡村振兴铸魂塑形。

**一是以优秀文化升华乡村内涵。**注重发掘保护传统村落的独特地貌和特色民居，充分利用乡村山水风貌、乡村聚落、乡村建筑、民间民俗工艺品、民族服饰文化等各种传统资源，让更多的人留住乡土情怀、记得住乡愁，让乡村有历史记忆和有别于城市，彰显桂风壮韵的独特魅力。注重民风民俗、生活习惯、传统文艺表演、传统节日等无形的乡村文化的传承和保护，大力发展三月三民歌节、泼水节、火把节、花山节等少数民族文化传承载体，广泛兴起春节庙会、清明祭祖、端午赛龙舟、重阳登高等传统民俗活动，引导制定村规民约，倡导把优秀乡土文化全方位融入基层学校思想道德教育、文化知识教育、艺术体育教育、社会实践教育，弘扬优秀传统文化蕴含的思想观念、人文精神和道德规范，发挥文化引领风尚、教育人民、推动发展、促进和谐的作用，让乡村振兴更具魅力。

**二是以保护传承筑牢文化根基。**开展优秀传统文化传承行动，加大历史文化名镇名村、传统村落、传统建筑、文物古迹、民族村寨、农业遗迹、灌溉工程遗产等保护力度，推进特色和生态博物馆、镇史馆、村史馆以及文物保护利用工程建设，鼓励乡村通过对传统村落、街区建筑格局、整体风貌、生产生活等传统文化和生态环境的综合保护和展示来再现乡村文明的发展轨迹，培育和遴选基础条件较好、民族特色鲜明、发展成效突出、示范带动作用强的少数民族特色村寨，打造独具特色的民族村寨建设典范。实施乡村非物质文化遗产传承发展工程、非物质文化遗产项目代表性传承人抢救性记录工程、非遗传承人研修研习培训计划，在壮族、瑶族、苗族、侗族等世居民族特定地区，建设非物质文化遗产传承基地和民族文化生态保护区。深入挖掘乡村特色文化符号，传承发展以桂林山水为代表的山水文化，以花山岩画为代表的骆越文化，以“那”文化为代表的稻作文化，以“壮族三月三”为代表的民俗文化，以百色起义为代表的红色文化，以京族哈节为代表的边海疆文化，以刘三姐歌谣为代表的山歌文化，以干栏式、吊脚楼、风雨桥为代表的民族建筑文化。

**三是以产品服务根植文化底蕴。**健全乡村公共文化服务体系，按照有一栋文化综合楼、一个篮球场、一个文艺舞台、一个宣传栏（墙）、一支文艺队、一支体育队的“六个一”要求，加强村级公共服务中心建设，推动公共文化设施向村屯延伸，实现乡村两级公共文化服务全覆盖。增加优秀乡村文化产品和服务供给，完善文化科技卫生“三下乡”长效机制，开展送文化下基层活动，实施戏曲进乡村工程，鼓励文艺工作者推出反映农民生产生活尤其是乡村振兴实践的优秀文艺作品，探索建立农民群众文化需求反馈机制，开展“菜单式”“订单式”文化服务，推动政府购买公共文化服务。培育壮大农村文化队伍，鼓励农村地区自办文化，支持成立各类群众文化团队，加快培养一批文化示范户、民间职业剧团、农村业余剧团，逐步实现从“送文化”到“种文化”的转变。

**四是以产业发展引领文化振兴。**大力打造“乡村文化＋”新业态，开发壮、侗、瑶、苗、京、仫佬、毛南等少数民族风情旅游产品和以民族文化考察、民族生活体验、参与性民族文体娱乐活动为主题的旅游线路，重点打造民族风情旅游品牌、民俗文化旅游品牌、民族节庆旅游品牌、刘三姐故乡旅游品牌、世界瑶族文化旅游品牌、侗苗风情体验旅游品牌等六大文化旅游品牌。培育壮大特色文化产业，实施乡村传统工艺振兴计划，壮大具有民族和地域特色的绣球、壮锦、苗绣、铜鼓、坭兴陶等传统工艺产业，开发传统节日文化用品，培育三江农民画、五通三皮画、阳朔画扇、融水苗族蜡染等艺术品产业集聚区和钦州坭兴陶文化产业园、凭祥红木文化产业园、梧州宝石城等工艺美术产业集聚区，探索“乡土文化资源＋艺术创作工作室＋产业基地＋旅游文化”等模式，促进文化资源与现代消费需求有效对接。

**4. 推进沿海沿边沿江区位优势转化形成乡村振兴发展**

立足广西沿海沿边沿江的独特区位优势，用好国际国内两个市场、两种资源，释放“海”的潜力，激发“江”的活力，做足“边”的文章，在开放发展中全面激发乡村振兴更大动能。

**一是大力做好农业的向海和东融、南向文章。**积极参与“一带一路”建设，发挥“海上丝绸之路”始发港优势，以国际陆海贸易新通道建设为重要载体和契机，深度融入“一带一路”建设，打造特色优质农产品对外产销基地、中南西南农产品交易集散中心、“一带一路”开放合作示范区。主动融入粤港澳大湾区建设，以大湾区“菜篮子”“肉篮子”“果园子”“糖罐子”建设为重点，推动广西的农产品资源优势与大湾区的精深加工优势相结合，实现优势互补、互利共赢。深入开展东盟农业合作，开展境外合作示范区和农业对外开放合作试验区建设，组织实施沿边农业合作示范基地、农产品出口示范基地和现代农业合作示范基地建设，推动搭建广西和东盟各国农业技术研发机构共建共享的展示平台。加快打造现代海洋渔业，大力发展健康高效海水养殖业，探索发展海洋牧场，加快建设北海市海洋牧场示范区、钦州市人工鱼礁区、防城港市白龙珍珠湾海洋牧场示范区等海洋牧场，以及近海养殖基地、远洋养殖基地、海产良种育苗基地、特色海产品生产加工基地等现代高效渔业生态养殖示范区，努力打造生态“蓝色粮仓”和千亿元现代海洋渔业产业。

**二是布局打造一批支撑乡村振兴的边境开放开发新平台。**推进凭祥边境经济合作区、东兴边境经济合作区、百色（靖西）边境经济合作区、崇左龙州边境经济合作区、防城港防城区边境经济合作区、中越东兴—芒街跨境经济合作区、中越凭祥—同登跨境经济合作区和中越龙邦—茶岭跨境经济合作区建设，提升边境和跨境经济合作区功能及其带动能力，以经济合作区建设辐射带动当地乡村的基础设施改善、特色产业升级以及公共服务延伸、民生事业发展。探索打造沿边地区乡村振兴综合示范走廊，以边民互市贸易点为中心建设边贸特色乡村集群。

**三是加快发展沿江特色产业集群。**突出沿江农业现代化的发展重点，依据西江水系沿岸各设区市农业产业发展基础，种植业突出保护资源、调整结构、绿色生产，畜牧业突出优化布局、治理粪污、规模养殖，渔业突出优化结构、保护水环境、养护资源。通过调整生产力布局，优化沿江农业现代化的产业集群，在沿岸重点发展“双高”糖料蔗、可持续速丰林、健康禽畜养殖、优质粮食、标准化蔬菜、特色水果等千亿元产业，以及“三高”桑蚕、高效食用菌、地道中药材、绿色茶、高产油茶、品牌花卉、优势水产品等百亿元产业。

### （三）强化关键衔接，构筑乡村振兴的共美格局

聚焦脱贫攻坚与乡村振兴、小农户与现代化、乡村建设与城乡融合等关键领域，走好关键衔接之路，在历史交汇中凝聚发展共同体，构筑乡村振兴全面协调的发展格局。

#### 1. 推动脱贫攻坚与乡村振兴有机衔接

把推动脱贫攻坚与乡村振兴有机衔接作为今后两年的工作重点，建立脱贫减贫与乡村振兴融合发展的政策机制，确保如期实现脱贫减贫目标，有力夯实乡村振兴基础。

**一是加强脱贫与振兴的政策融合。**深度贫困是当前决胜脱贫攻坚的关键，必须坚持把打好脱贫攻坚战作为未脱贫地区实施乡村振兴战略的优先任务，确保脱贫攻坚目标不变、靶心不散，以乡村振兴的政策举措聚力到解决绝对贫困的问题上，以乡村振兴战略的实施来提升脱贫攻坚的质量。加强跨县域扶贫资金、项目、工作队伍等的整合、联合力度，从区域整体发展的角度统筹谋划村镇布局、产业集群、基础设施、公共服务，引导相关扶贫资源要素在更大范围内发挥效能，实现配置效率的最大化。强化针对重度贫困群体的帮扶机制，通过强化综合保障性扶贫，分类扶持，精准施策，切实提高重度贫困群体生活质量和水平。扎实做好农村低保提标工作，确保每年农村低保标准高于脱贫线。完善极度贫困户基本生活救助补助资金动态调整机制，确保每年增长幅度不低于城乡居民人均可支配收入增长水平。完善城乡居民基本养老保险制度，对符合条件的贫困人口由地方政府代缴城乡居民养老保险费。

**二是建立脱贫转振兴的长效机制。**对于已脱贫地区，要尽快建立脱贫转振兴的体制机制，用乡村振兴来巩固脱贫攻坚成果，推动脱贫地区全方位高质量发展。在产业方面，继续将“5＋2”“3＋1”特色优势扶贫产业做大做强，推广“第一书记产业联盟”“互联网＋现代农业”“集体经济＋”等产业融合发展模式，推动从产业扶贫到产业

兴旺。在人才方面，持续加大对脱贫地区人力资源开发，探索建立常态化、日常化的技能培训平台，持续提高脱贫人口综合素质。在文化方面，持续重视脱贫地区精神文明建设和文化生态重塑，以社会主义核心价值观充分激发农民的参与意识和主创精神，提升脱贫人口精神风貌和脱贫地区社会文明程度。在生态方面，推进生态扶贫向生态振兴过渡，对生态资源富集地区突出生态旅游、碳汇交易等市场化振兴路径，对生态资源匮乏地区则侧重生态移民搬迁、生态项目建设、生态补偿等政策性振兴路径。在组织方面，将"党建促脱贫"的相关做法顺势升级为"党建促振兴"行动，重点探索将扶贫驻村工作队和第一书记逐步转为乡村振兴驻村工作队以及专职村党组织书记。

**三是增强村级集体经济的引领作用。**在高质量完成农村集体资产清产核资工作的基础上，加快制定村级集体经济组织成员身份认定办法、集体产权量化到户办法等实施方案，为村级集体经济发展奠定制度基础。鼓励各地积极探索壮大农村集体经济与提高农民组织化相结合的途径，重点推进"村社合一"和"合股联营"，推动村集体与村民"联产联业""联股联心"，充分激发村民参与集体经济的内生动力。实施"集体经济带头人培育工程"，以村干部、大学生村官为主体，系统培育熟悉集体经济发展规律、能够带领社员参与市场竞争的领头人。支持村级集体经济开展股份合作制改革和扩大对外合作，鼓励外出务工人员、企业以土地、资金、技术等要素入股，增强集体经济发展活力。大胆探索发展跨村组联合集体经济、镇域集体经济等，构建多层次的集体经济体系。

**2. 推动小农户与现代化有机衔接**

坚持和完善家庭经营基础性地位，在乡村振兴的过程中充分重视小农户的作用，强化政策扶持、利益联结和服务支撑，吸纳小农户进入农业现代化共享产业高质量发展红利。

**一是加快小农户向职业化发展。**加快探索建立广西新型职业农民培育制度，包括新型职业农民选拔制度、培养制度、管理制度、服务制度以及扶持政策体系等各方面互相衔接配套的新型职业农民培育制度体系，并将小农户作为重点培育对象，帮助小农户发展成为新时代的新型职业农民。引导小农户自愿通过村组内互换并地、小块并大块、土地连片整治等方式，逐步形成一户一块田，发展适合机械化和标准化的适度规模经营。采取优先承租流转土地、提供贴息贷款、加强技术服务等方式，强化名录管理、示范创建、职业培训等扶持，支持有长期稳定务农意愿的小农户稳步扩大生产经营规模，培养成为规模适度、生产集约、管理先进、效益明显的家庭农场。

**二是建立小农户与大市场紧密联结机制。**推进农业产业化联合体建设，壮大农村职业经理人模式，通过统一生产、统一营销、信息互通、技术共享、品牌共创、融资担保等方式，提升小农户组织化、产业化程度，把小农生产引入现代农业发展轨道。引导小农户之间、小农户与其他新型农业经营主体之间开展多种形式的联合、合作，丰富合作社服务小农户形式，创新集体经济带动小农户模式，不断提高小农户进入大市场的竞争能力。引导新型农业经营主体与小农户建立契约型、股权型利益联结机制，重点采取订单收购、保底分红、二次返利、土地合作、吸纳就业、村企对接等紧密联结型模式，带动小农户参与设施农业、精准农业、精深加工、现代营销等专业化、市场化生产经营；对新型农业经营主体的评优创先、政策扶持、项目倾斜等，要与带动小农户生产挂钩，把带动小农户数量和成效作为重要依据。以农业品牌建设将小农户与政府、行业协会、龙头企业、农民合作社等多方主体捆绑连线、产销融合，促使小农户按照市场需求开展生产经营活动。加强工商企业租赁农户承包地的用途监管和风险防范，健全资格审查、项目审批、风险保证金制度，维护小农户权益。

**三是健全农业社会化服务体系。**以满足小农户多样化生产经营需求为目标，大力培育以公共服务机构为依托、合作经济组织为基础、龙头企业为骨干、其他社会力量为补充，公益性服务和经营性服务相结合、专项服务和综合服务相协调，为农业生产提供产前、产中、产后全过程综合配套服务的新型农业社会化服务体系，包括农业技术推广体系、农产品市场体系、农业信息服务体系、农业金融和保险服务体系。鼓励农业社会化服务主体以资金、技术、服务等要素为纽带，大力发展服务联合体、服务联盟等新型组织形式，打造一体化的综合服务平台，为小农户生产提供"一站式"服务。支持农业社会化服务主体创新发展托管式、代理式、订单式、平台式、站点式等综合性服务模式，带动小农户携分散土地进到集约化、高效化经营。

**3. 推动乡村建设与城乡融合有机衔接**

牢牢把握城乡融合发展这一理念，协调推进城乡各项建设，构建基础设施共建、公共服务共享、社会治理共治的融合发展形态，实现城乡互动互惠、交融一体发展。

**一是大力发展特色小镇、田园综合体、美丽乡村聚落等城乡融合节点。**以大力发展特色小镇为抓手，增强乡村的产业特色、文化特色、生态特色和交往空间有效聚集，提升乡村的生产、生活、生态功能融合，拓展乡村农文旅结合、一二三产融合发展新空间，实现产城人文四位一体的乡村振兴。以大力创建田园综合体为载体，推动资金、土地、科技、人才、信息、金融等要素在农业农村高效汇聚，推动城乡产业链双向延伸对接，实现产业集群和主体集群的融合发展。以大力建设美丽乡村聚落为重点，发挥县域经济、中心城镇在辐射带动乡村振兴中的作用，提升中心村的产业发展力、环境承载力和人流集聚力，建设村落与田园交融、美丽与宜居相宜的乡村聚落，实现"田园＋农村"的融合发展。

**二是探索推行政府投资为主、多种融资方式结合、谁使用谁付费的乡村基础设施共建共享机制。**建立健全乡村公共基础设施管护运行机制，尽快实现乡村基础设施管护工作的制度化、规范化，使乡村基础设施更好地发挥效益。健全乡村基础设施县、乡、村三级管理体系，对乡村基础设施实行集中统一管理，明确管护责任。根据不同类型基础设施的性质明确产权归属、管护主体，由产权所有者建立管护制度，落实管护责任，将村民能够自我管护的设施权属明确到村集体。对产权难以分割的基础设施，采用“建养一体化”方式由建设方负责运营管护；对具有一定收益、适合个人经营的基础设施，按照“谁承包，谁管护”方式，通过租赁、竞拍产生承包者来经营和管护；对污水处理、垃圾清运等村级无力承担的管理事务，以政府购买服务等方式引进专业团队、专业公司承担管护责任。建立多元化资金保障机制，各级财政要设立乡村基础设施管护专项资金，同时通过村级集体经济支付、使用者付费、社会组织募捐、村民投工投劳等多种方式整合各方资金投入。

**三是积极探索乡村基本公共服务市场供给模式和多元参与机制。**优先发展农村教育事业，建立以城带乡、整体推进、城乡一体、均衡发展的义务教育发展机制。探索建立省级统筹、统一选拔的乡村教师补充机制，实行义务教育学校教师“县管校聘”，推行县域内校长教师交流轮岗和城乡教育联合体模式。健全乡村医疗卫生服务体系，完善相关政策制度，增加基层医务人员岗位吸引力，改善乡镇卫生院和村卫生室条件，完善网络化服务运行机制，鼓励县医院与乡镇卫生院建立县域医共体。加快农村社会基本保障全覆盖，构建多层次的农村养老保障体系，大力发展农村互助养老和乡村康养服务，健全新型农村救助体系。统筹城乡公共文化设施布局、服务提供、队伍建设，加强村级综合服务中心建设，推行公共文化服务参与式管理模式，引导居民参与公共文化服务项目规划、建设、管理和监督，推动公共文化资源重点向乡村倾斜。

**四是建立健全城乡联动的多层次、多维度、多元化乡村善治体系。**充分发挥基层党组织的领导核心作用，总结推广党建工作站、自然村党支部规范化建设和网格化服务管理等模式，按照“一村一策”整顿强化农村党组织，以村干部“职业化”管理优化农村头雁队伍，不断提升基层党组织引领发展水平和服务振兴能力。健全和创新村民自治机制，发挥村规民约作用，探索新乡贤、“一组两会”协商自治、村务商议团、微自治、屯事联理等自治的有效实现形式，充分调动农村群众参与村民自治的主动性和积极性。深入推进农村社区综合治理，推动社会组织、社会力量共同参与乡村治理，推动政府治理与村民自治良性互动。大力开展民主法治示范村创建，全力推进一村一法律顾问工作，完善人民调解、行政调解和司法调解联动工作体系，积极开展法治宣传教育，引导村民遵法学法守法用法，以法治保障乡村振兴。大力弘扬社会主义核心价值观，营造崇德尚善、见贤思齐的乡风民风和争做真善美、传递正能量的精神文明，推动形成乡村振兴的德治引领。

# Ⅱ 专题报告

# 乡村振兴与脱贫攻坚有机衔接三面观

玉丕民

乡村振兴与脱贫攻坚之间战略互涵、因果互为、作用互构，当前二者又正在交汇、交织、交融推进，相互之间的有机衔接在广西就显得尤为重要和十分紧迫。本文从三个方面就此进行观察和思考，形成一些粗浅看法，现借蓝皮书一隅示众，以期引起更多关注。

## 一、乡村振兴与脱贫攻坚战略互涵，有机衔接势在必然

实施乡村振兴战略，是党的十九大作出的重大决策部署，是决胜全面建成小康社会、全面建设社会主义现代化国家的重大历史任务，是新时代“三农”工作的总抓手。自治区党委按照中央实施乡村振兴战略的要求，以《中共广西壮族自治区委员会关于实施乡村振兴战略的决定》进行了顶层设计，作出了全面部署。一是明确指出实施乡村振兴战略是打赢打好精准脱贫攻坚战，决胜全面建成小康社会，解决广西不平衡不充分发展问题，不断满足人民日益增长的美好生活需要，加快农业农村现代化，扎实推进富民兴桂的必然要求，也是广西加快补齐发展短板、激发“三农”发展动力活力的重大历史机遇；必须立足区情农情，充分认识实施乡村振兴战略重大意义，把思想和行动统一到中央重大决策部署上来，切实增强责任感使命感紧迫感，凝聚共识，汇聚力量，发挥优势，抢抓机遇，全面实施乡村振兴战略。二是明确提出要坚持把解决好“三农”问题作为重中之重，坚持走中

作者系广西壮族自治区决策咨询委员会专家组组长，广西乡村振兴战略研究院特聘专家。

国特色社会主义乡村振兴道路，坚持农业农村优先发展，按照产业兴旺、生态宜居、乡风文明、治理有效、生活富裕的总要求，围绕推动乡村产业振兴、人才振兴、文化振兴、生态振兴、组织振兴，建立健全城乡融合发展体制机制和政策体系，统筹推进农村经济建设、政治建设、文化建设、社会建设、生态文明建设和党的建设，加快推进乡村治理体系和治理能力现代化，实施特色农业强优、生态环境优化、文化繁荣兴盛、治理能力提升、脱贫惠民富民、体制机制创新“六大工程”，强化组织、规划、政策、金融、人才、法治“六大保障”，加快推进农业农村现代化，让农业成为有奔头的产业，让农民成为有吸引力的职业，让农村成为安居乐业的美丽家园。三是进一步强调了阶段性目标。即到 2020 年，乡村振兴取得重要进展，制度框架和政策体系基本形成；到 2035 年，乡村振兴取得决定性进展，农业农村现代化基本实现；到 2050 年，乡村全面振兴，与全国同步实现农业强、农村美、农民富。

广西是全国脱贫攻坚主战场之一，全区所有的县市区中，有 28 个列入国家级贫困县，21 个列入区级贫困县。在 2018 年实现 116 万建档立卡贫困人口脱贫、1 452 个贫困村出列、14 个贫困县摘帽的基础上，2019 年要实现 105 万贫困人口脱贫、1 150 个贫困村出列、21 个贫困县摘帽，2020 年还有 151 万建档立卡贫困人口。为了打赢脱贫攻坚战，真正体现“消除贫困、改善民生、实现共同富裕，是社会主义的本质要求”，践行我们党的重要使命，自治区党委、政府制定打赢脱贫攻坚战三年行动计划，提出要按照“核心是精准、关键在落实、确保可持续”的要求，充分发挥政治优势和制度优势，坚持精准扶贫精准脱贫基本方略，坚持自治区负总责、市县落实、乡村实施的工作机制，坚持大扶贫工作格局，坚持脱贫攻坚目标和现行扶贫标准，突出问题导向，下足绣花功夫，聚焦深度贫困地区和特殊贫困群体，强化“三保障”，打好“五场硬仗”，开展“五大专项行动”，强化到村到户到人精准帮扶举措，着力提升扶贫干部脱贫攻坚实战本领，着力激发贫困人口内生动力，着力夯实贫困人口稳定脱贫基础，着力加强扶贫领域作风建设，切实提高贫困人口获得感，确保到2020年同全国一道进入全面小康社会，为实施乡村振兴战略打好基础。

脱贫攻坚主要解决发展中的不平衡问题，乡村振兴主要是通过解决不充分来解决不平衡问题，脱贫攻坚是乡村振兴的基础，乡村振兴是脱贫攻坚的动力。脱贫攻坚具有紧迫性、突击性、局部性和特殊性的特点，乡村振兴具有渐进性、持久性、整体性、综合性的特点。二者虽然存在一定的差异性，但都是为了实现“两个一百年”奋斗目标，在战略上是互涵的，客观上需要做好前后的有机衔接。正是如此，2018年2月，《中共中央　国务院关于实施乡村振兴战略的意见》就提出“做好实施乡村振兴战略与打好精准脱贫攻坚战有机衔接”的要求。2018年8月，《中共中央　国务院关于打赢脱贫攻坚战三年行动的指导意见》再次提出“统筹衔接脱贫攻坚与乡村振兴”的要求。2018年9月，《乡村振兴战略规划（2018—2022年）》进一步提出“推动脱贫攻坚与乡村振兴有机结合相互促进”的要求。广西实施乡村振兴战略决定和脱贫攻坚三年行动计划也都明确，要把贫困地区作为未来三年乡村振兴战略的重点，相关政策优先向贫困地区倾斜，乡村振兴有关资金、项目、人才、技术等资源要素优先支持贫困地区，兼顾解决非贫困村、非贫困户发展问题，瞄准国家乡村振兴战略规划目标，补齐基础设施和基本公共服务短板，以脱贫攻坚打好乡村振兴基础，以乡村振兴巩固脱贫成果。

由此看来，脱贫攻坚与乡村振兴的有机衔接是发展的必然趋势。这种势在必然，由以下几个特征所决定：

### （一）进程上的交互性

脱贫攻坚为的是消灭贫困地区部分农民的绝对贫困、解决贫富差距问题，目标的实现将为乡村振兴整体推进创造条件、奠定基础；乡村振兴为的是全面解决乡村发展不充分、城乡发展不平衡问题，目标的实现以脱贫攻坚战的打赢、底线任务的完成为前提，推进过程也是脱贫攻坚成果的巩固和提升过程。二者虽然存在局部与整体、特惠与普惠、福利与效率的矛盾，但最终都是为了实现包括农村产业现代化、农村生态现代化、农村文化现代化、乡村治理现代化和农民生活现代化在内的农业农村现代化，共同处在走向“产业兴旺、生态宜居、乡风文明、治理有效、生活富裕”进程中承前启后、互交互涵、内在统一的两个发展阶段。割裂开来，脱了贫的可能难以富起来甚至会返贫，乡村振兴也无法全面推进，实现“两个百年目标”的重大战略部署从而就落不了地。统筹起来，就能巩固、延伸、深化脱贫攻坚成果，提高扶贫脱贫的成色和质量，有利于乡村振兴全面起步、顺利开局。主动推进有机衔接，是对农业农村现代化客观规律的深刻认识、准确把握和科学遵循，须臾不可或缺。

**（二）内容上的共融性**

脱贫攻坚主要是通过发展扶贫产业增加收入、扶志扶智提升人力资本、治理修复并保护生态、保障基本权利等各方面，消除绝对贫困，缩小贫富差距。乡村振兴主要是实施质量兴农战略、形成一二三产业融合发展体系、实现小农户和现代农业发展有机衔接、推进乡村绿色发展、繁荣兴盛农村文化、构建乡村治理新体系和提高农村民生保障水平等。乡村振兴涵盖经济、文化、社会、生态、组织等多方面的发展，与产业扶贫、智力扶贫、生态扶贫、文化扶贫、党建扶贫和社会保障兜底扶贫等脱贫攻坚方式具有内在一致性。脱贫攻坚解决好贫困问题将有效推动农村贫困人口全面发展和贫困乡村整体发展，与乡村振兴的发展需要高度契合。脱贫攻坚为乡村振兴奠定了坚实物质基础和组织保障，乡村振兴为脱贫攻坚提供了动力和保障。最终都是解放和发展生产力，缩小贫富差距与城乡差距，维护农民群众的根本利益，充分体现社会主义的本质要求。这些互涵式关联，要求我们在脱贫攻坚三年行动和乡村振兴三年关键的交汇期间，必须把有机衔接作为农业农村工作的重中之重，惟其如此，才能真正践行和体现脱贫攻坚与乡村振兴的初心。

### （三）目标上的统一性

乡村振兴以科技进步和制度创新，实现农业生产方式转变、小农户与现代农业有机衔接以及农村一二三产业融合发展，形成兴旺发达、绿色安全、优质高效、具有竞争力的现代乡村产业体系；以生态优先保护，全面实现农业农村绿色发展，推进农村生态文明全面进步，促进人与自然和谐共生，建设一个山清水秀、环境优美、生态宜居的美丽新乡村；以社会主义核心价值观为引领，积极倡导科学文明健康的生活方式，大力传承和弘扬农村优秀传统文化，促进农耕文明与现代文明相融共生；以人民为中心，立足于实现公共利益的最大化，加快推进治理方式和手段的多元化，因地制宜探索各具特色的治理模式；以农民生活富裕为目标，全面推进城乡融合发展，加快建立主要依靠本地产业支撑的农民持续增收长效机制，实现城乡基本公共服务均等化和城乡居民生活质量的等值化。脱贫攻坚旨在实现农村贫困人口不愁吃、不愁穿，教育、医疗、住房“有保障”，人均可支配收入增长速度高于全国平均水平，实现扶贫对象脱贫摘帽，消除区域性整体贫困和绝对贫困，这是乡村振兴以上目标得以实现的底线任务。这一底线任务的完成，将为贫困地区特别是贫困村的振兴夯实基础，创造从根本上解决“三农”问题、促进城乡社会平衡发展和乡村充分发展的良好条件。以满足人民对美好生活的追求为使命，我们理应把做好脱贫攻坚与乡村振兴的有机衔接作为时代责任和历史担当。

## 二、乡村振兴与脱贫攻坚因果互为，有机衔接势在必须

由于深度贫困地区的贫困基数大、贫困程度深、基础薄弱，资源匮乏，广西脱贫攻坚最后的“硬骨头”还比较难“啃”。为此，当前人们的精力主要还放在脱贫攻坚上，乡村振兴部分还停留在顶层设计、整体规划上，有机衔接需要做的事情还很多。同时，脱贫攻坚留

下的一些“硬骨头”，将滞绊着乡村振兴的良好开局和深入推进。最为突出的是：

### （一）体制机制衔接断链

脱贫攻坚多年的探索，形成了较为成熟的体制机制与运作体系。但局部与整体、特惠与普惠、短期与持久的差异，使这一体系续接到乡村振兴上，有的普遍适用，有的需要进行适应性调整，有的则需要重新设计。由此往往导致体制机制衔接不畅，二者在衔接度、同步度上出现不同程度的断链。比如，有的地方虽然已经开始制定乡村振兴规划实施方案和脱贫攻坚行动方案，但是政策衔接方面还缺少乡村振兴与脱贫攻坚有机衔接的细则及实施方案，政策方案的缺失导致衔接实践的碎片化、零散化和随意化，难以达到有机衔接的预期效果。有的地方脱贫攻坚组织保障健全，而乡村振兴虽然也成立了乡村振兴领导小组及其办公室，但职能大多基于产业、生态、文化、组织、人才等五大内容进行部门划分，组织协调依然存在关系不顺、沟通不畅甚至“各人自扫门前雪”的困境。有的地方项目规划协调难，脱贫攻坚主要按照“保基本”的原则，立足广大贫困户绝对贫困问题的解决，顾不上与乡村振兴项目有效衔接、统筹安排。

### （二）产业后续发展断层

没有以特色、优势为支撑，新业态、新模式为依托，全链条、全覆盖为基础的产业体系，贫困户可持续脱贫和贫困地区乡村振兴就缺乏核心引擎，产业扶贫到产业兴旺的转变就无法实现，在脱贫攻坚中扶持起来的产业就很难实现升级迭代。但是，在脱贫攻坚压力下，由于产业扶贫将政治逻辑、生存逻辑和市场逻辑系于一身，一些地方的产业扶贫行动往往只重视前期投入而缺乏后续保障，以致发展的持续性较差。一些地方扶贫产业发展中农民主体性缺失，农户资本投入缺乏、能力不足，参与扶贫产业的意愿不强，没有形成自己的产业体系。有些地方为了短期脱贫目的，越来越多地采取“资产收益扶贫”的方式，保持每年给贫困户一定比例的分红，致使贫困农户没有真正参与产业发展，这与产业兴旺是相悖的。一些深度贫困单元地理位置偏远、生态环境恶劣、公共服务供给不足和市场伦理发育不足，与按照市场规律运行的产业发展还不具有自洽性，实现产业兴旺将会十分困难。

### （三）内生动力激发断档

农民是脱贫攻坚与乡村振兴的主体，有机衔接须臾离不开他们。现在的问题恰恰是，在衔接过程中，农民的内生动力难以激发。比如，随着“务农＋务工”生计模式的日益普及和村庄“空心化”的加速，目前农户结构已经分化为兼业农户、退出型农户和纯农户三类。前两类农户由于收入来源于农业和务工收入两类或者单纯非农收入，且农业收入所占比重不断缩小，农户与村庄社会关联度随之逐渐降低，其振兴家乡的积极性势必难以调动。留守农村的纯农户，青壮年劳动力缺乏，而且由于村集体经济资源和权威资源不足，难以实现组织化动员。发挥农民主体作用需要政府主导，但一些地方政府往往爱唱“独角戏”，热衷于政绩导向，轻视农民主体作用，忽视广大农民诉求，不切实际地提出打造好高骛远的亮点工程，农民的参与积极性难以调动。加上部分贫困户自我脱贫意愿不强、对乡村振兴理解不深，仍然存在着较为严重的“等、靠、要”思想。

断链、断层、断档等现象致使乡村振兴基础不牢、条件不足，起步乏力、开局困难。乡村振兴推进迟缓、收效滞后，不利于脱贫攻坚成果的巩固和发展。二者互为因果、相互关联，使有机衔接显得十分必要和紧迫。

## 三、乡村振兴与脱贫攻坚作用互构，有机衔接势在必行

几年来，广西脱贫攻坚取得的多方面实践成果、理论成果、制度成果，为乡村振兴战略全面实施奠定了良好的基础。即便由于脱贫攻坚与乡村振兴之间的差异可能造成的体制机制断链、产业发展断层、

内生动力断档，也抑制不住二者的作用互构。我们要遵循乡村发展规律，依托脱贫攻坚的基础全面展开乡村振兴，以乡村振兴的力量促进脱贫攻坚持续深入，通过融合、耦合、契合、结合、整合、配合，在夯基垒台、立柱架梁、提能强保上做好有机衔接这篇大文章。

### （一）深化特色产业与扶贫致富的融合，为产业振兴夯基

脱贫攻坚中，广西特色产业与扶贫致富的融合不仅取得了卓越的减贫成效，而且初步建构了贫困地区的产业体系，为产业振兴奠定了坚实的基础。在脱贫攻坚与乡村振兴的相互衔接中，要依托这一基础，顺应农业供给侧结构性改革的要求，把特色产业发展为品牌农业、质量农业、高端农业，增强农业的综合竞争力。要提升多样化的小农产业扶贫模式，继续培育、充分挖掘和大力拓展农业和农村多种功能和价值，扩大乡村产业振兴的领域、空间和渠道。要把组织化经营主体带动产业扶贫的方式，总结、提升、推广到乡村振兴中来，进一步加强农户与经营主体的互动，提高农民振兴产业的自我组织水平和能力，发展农户组织化高的产业。

### （二）加强生态治理与贫困治理的耦合，为生态振兴垒台

在连片特困区与生态脆弱区地理空间高度重叠的情况下，广西以生态保护与扶贫开发双重目标的生态扶贫构成脱贫攻坚战的重要内容，创造了生态治理与贫困治理耦合构成的特色扶贫经验。今后，要坚持“绿水青山就是金山银山”理念，继续推动生态资源向资产与资金有序转化；把生态移民搬迁、生态建设项目扶贫、生态资源市场化扶贫、生态服务消费扶贫和生态补偿扶贫等多层次生态扶贫体系，改造升级为生态振兴体系。根据不同资源禀赋和生态差异，采取差异化的生态振兴手段。资源富足的乡村走资源市场化和资源服务消费振兴路子，资源匮乏的乡村侧重项目振兴和生态补偿相结合的手段。以人的能力提升和主体意识复归为目标，创新机制，促进农民参与农村人居环境整治，建设美丽乡村。广西生态扶贫的路子，打破了“资源诅

咒”，实现了脱贫攻坚与生态修复的统一，为生态振兴垒好了平台，乡村振兴要把平台功能发挥到极致。

## （三）紧密扶贫助贫与扶志强智的契合，为文化振兴立柱

在脱贫攻坚中，广西在扶贫与扶志、扶智相结合上下了很大力气，收到了良好效果。要运用脱贫攻坚树立起来的精神支柱，构筑乡村文化振兴的框架。通过自强不息、自力更生发展振兴的先进典型事迹，引领示范带动广大群众；通过创办乡村振兴“农民夜校”，弘扬自尊、自爱、自强精神，克服“等、靠、要”思想；通过落实多种激励措施，激发乡村振兴内生动力；通过“大榕树”讲堂、农家课堂、农民讲习所等形式，传播先进理念，传授职业技术技能，转变思想观念，提高创业本领和劳动技能，营造文化氛围，促进乡村移风易俗，推动农耕文明与现代文明融合发展。

## （四）强化破城拔寨与培养锻炼的结合，为人才振兴架梁

乡村振兴需要千百万人参与，更需要众多优秀乡土人才作为建设栋梁。要坚持脱贫攻坚中把“脱贫攻坚与锻炼干部、人才培养有机结合”，将“脱贫攻坚”作为锻炼干部的“炼钢炉”和识别人才的“筛选器”等好的做法。比如，保持党政干部职位稳定，实现乡村振兴绩效考核与职位升迁相挂钩；创新基层干部选用制度，选拔、招录乡村振兴中优秀村干部为乡镇公务员；建立乡土人才塑造与外部人才吸纳双重机制，注重培育乡土人才，实现人才外部引进，为乡村振兴提供巨大智力支持；依托新型经营主体培育工程和乡土人才培训进行人力资本开发，实现乡村人才重塑，培养更多的“一懂两爱”人才，造就一批批乡村振兴栋梁之才。

## （五）推进治理体系与治理能力的整合，为组织振兴提能

广西农村基层党组织在脱贫攻坚中发挥了强大的政治功能，成为脱贫攻坚的核心引擎。转战乡村振兴之后，要更加凸显党在反贫困、

图振兴斗争中的政治定力；继续实行五级书记一起抓振兴，通过纵向党组织联结横向行政系统和企事业单位，形成强大的贫困治理、乡村振兴组织动员能力；坚持派驻工作队和“第一书记”制度，实现对乡村外部组织和资源的注入，重塑村庄治理体系；利用党建促振兴的“溢出效应”，实现对社会和市场的联结，建构起政府、社会与市场的乡村振兴大格局。把脱贫攻坚中基层组织的强能提力，继续在乡村振兴中发挥巨大作用，成为乡村振兴强大引擎，强化党建引领、组织保障和动员能力，优化资源配置机制，重塑乡村治理，强力推进乡村振兴。

### （六）重视运行机制与政策措施的配合，为全面振兴强保

一是通过工作内容、工作重心的适应与匹配强化有机衔接保障。产业兴旺方面，从对贫困户的产业扶贫转到县域内主导产业和优势产业的培育发展、农业现代化、工业化和城镇化的结合上来；生态宜居方面，在做好基础设施和公共服务的基础上，因地制宜地做好环境的绿化和美化，解决农村的各种污染问题；乡风文明方面，在强化党建引领村庄治理的基础上，吸引各类人才返乡下乡，引入先进文明、先进技术、先进经济形式，促进乡风文明和治理有效。

二是通过工作体系、工作方法的转变与转型强化有机衔接保障。把脱贫攻坚中形成的工作体系持续下去，比如，以脱贫攻坚统揽经济社会发展全局的工作体系，包括责任体系、动员体系、考核体系、治理体系等。在方法、措施上实现从精准到共享、特惠到普惠、管理到服务的转变，比如，从支持贫困户扩大到非贫困户，从支持贫困村扩大到非贫困村，从生产的种养环节逐渐转移到加工、销售、品牌建立、产业融合等环节，从对农户的支持扩大到对职业农民、家庭农场、合作社、龙头企业等新型经营主体和利益联结机制的创新等方面的支持，从以财政资金支持为主逐渐转移到金融资金和工商资本支持为主。

三是通过政策内容、政策实施的细化与调整强化有机衔接保障。

将聚焦个体发展转变为支持多元主体合作发展，培育多元化农民合作组织，以组织化程度和集体行动能力提高支撑乡村全面振兴。将日常性帮扶措施转变为常态化民生政策，提升乡村基本公共服务均等化水平。将福利性政策转变为提升乡村能力的发展性政策，全面改善乡村产业发展基础条件，整体增强农户家庭的生计保障能力。将权宜之计转变为加强适宜性技术支持，扩大适用农业技术的推广面，构建起基于合理的农业技术体系支撑的可持续发展机制。

在充分发挥脱贫攻坚基础性作用的同时，还要充分利用乡村振兴所实施的农业农村优先发展、政策与资源优先配置制度的新安排，所带来的产业融合、城乡融合发展的新机遇，所构建的区域协同发展、城乡融合发展、乡村充分发展、村屯分类发展、振兴有序发展新格局，开启城乡一体化的扶贫治理模式，增强扶贫脱贫的持续性、综合性和稳定性。应该坚信，二者相向而行、互促共进形成的作用互构，加上得天独厚的农业资源优势、丰富多彩的文化优势、山清水秀的生态优势，民族团结、乡村善治的好传统，多年乡村建设扎实的工作基础和行之有效的工作机制，以及旺盛的市场需求，广西的乡村振兴与脱贫攻坚一定能够有机衔接起来。

# 广西农村人居环境整治的现状、问题及对策

吴伟权

改善农村人居环境是事关农村长远发展的大事，是乡村振兴的重要内容。广西壮族自治区党委、政府历来高度重视改善农村人居环境，2013 年初决定在全区开展持续 8 年的“美丽广西”乡村建设活动，分清洁乡村、生态乡村、宜居乡村和幸福乡村 4 个阶段组织实施，农村人居环境整治作为重要内容贯穿始终。活动开展以来，广西乡村环境发生了巨大变化，农村生产生活生态条件明显改善，农民收入不断增加，乡风民风持续向好，基层治理得到加强，广西以更加洁净、优美、和谐的形象展现在世人面前。但广西农村人居环境整治仍存在基础设施不足、资金投入短缺、长效机制不够完善、环境卫生时有反弹等问题，与新发展理念的要求和农民群众对美好生活新期盼还存在较大差距。必须按照新发展理念和“建设壮美广西　共圆复兴梦想”的总体要求，在全面推进乡村振兴战略中促进农村人居环境整治迈出新步伐、提升新水平。

## 一、广西农村人居环境整治的主要进展

总体上看，2013 年以来广西农村人居环境整治根据工作重点的不同，可分为清洁乡村阶段（2013—2015 年）、宜居环境改善阶段

---

作者系广西壮族自治区人民政府参事，广西壮族自治区决策咨询委员会咨询专家，广西乡村振兴战略研究院特聘专家。

（2016—2017 年）和集中攻坚阶段（2018—2020 年）。

## （一）清洁乡村阶段

2013 年以来，广西按照党的十八大建设“美丽中国”的要求，在全区开展了“美丽广西”乡村建设活动，全面推进农村人居环境改善。2015 年 11 月，第二次全国农村人居环境整治工作会议在桂林市恭城县召开，“广西做法”得到中央领导同志和与会代表的普遍赞誉。

### 1. 加强领导、统筹推进、分步实施

广西制定了持续八年、四个阶段的《“美丽广西”乡村建设重大活动规划纲要》，第一阶段以清洁乡村为主题，开展“清洁家园、清洁水源、清洁田园”活动，重点是清理垃圾。后三个阶段分别为生态乡村、宜居乡村和幸福乡村，梯次推进。为加强对活动的组织领导，自治区成立了美丽乡村建设活动领导小组，自治区党委书记和自治区主席等自治区领导担任正副组长，全部自治区级领导分别挂点联系各市县，各市县也比照成立领导小组，市县领导干部和有关部门分别挂点联系县乡村，全区上下普遍建立了“党委领导、政府主导、上下联动、部门协作”的工作机制。

### 2. 以垃圾治理为突破口，着力解决影响农村人居环境的突出问题

一是建立大分散与小集中、土办法与新技术相结合的垃圾处理机制。建立起县城周边村屯“村收、镇运、县处理”、乡镇周边“村收、镇运、片区处理”和边远乡村“就近就地处理”的垃圾收运处理体系，到 2015 年底，分别覆盖 27.9%、24.5%和 47.6%的村屯。探索并推广易操作、易维护、低成本的沼气池发酵、水洗处理垃圾、垃圾热解和焚烧发电等新型适用技术。2013—2015 年，全区开展环境整治行动 86.3 万次，清理垃圾 1 131 万吨、清捡田园 388.5 万公顷、清洁水源 24 万处。二是探索建立以源头减量与分类回收为基础的资源化利用机制，开展农村垃圾干湿分类试点，探索建立垃圾废弃物回收体系，通过农资包装物有偿回收、废品换商品等方式，推进源头减

量和资源化利用。三是建立财政奖补、群众缴费与市场运作相结合的多元投入机制。加大财政奖补力度，通过设立专项资金、公助民办、以奖代补等方式，将乡村建设项目纳入财政预算，2013—2015 年，自治区本级安排 22.4 亿元专项资金，市县两级安排专项投入 49 亿元。农民缴费意愿普遍提升，1/3 的村庄保洁员的报酬由村民缴费承担。四是建立法制保障与村规民约相结合的常态管理机制。自治区人大颁布了《广西壮族自治区乡村清洁条例》，成为全国第一个为乡村清洁立法的省区；行政村普遍建立了清洁乡村管理制度，78%的村屯成立了村屯理事会，77%的村屯组建了保洁员队伍，93%的村屯订立了村规民约。

**3. 以改革创新为切入点，增强改善农村人居环境新动力**

一方面，创新投入和运营机制。强力推进财政资金整合，除中央有明确投向规定外，各项涉农资金都整合到县，集中用于乡村建设，各级财政 3 年来累计投入 355 亿元，整合资金比例约占 80%。另一方面，创新农村基层治理机制。推行“农事村办”制度，全区 92%的乡镇设立了“农事村办”服务中心，远离乡镇的行政村都设立了服务点，自然村屯建立了党群理事会。

**4. 以“绿色村屯”建设为载体，推动生产生活生态互促共进**

一是开展以“绿色环境、绿色建筑、绿色生产、绿色生活”为主要内容的“绿色村屯”建设活动，2015 年命名了首批 560 个广西“绿色村屯”。二是推进清洁生产，开展田间垃圾收运处理、农药化肥使用量零增长、生猪高架床养殖等专项整治行动，农业清洁生产技术推广面达 50%以上，回收农药瓶 4 600 多万个，田间生产废弃物基本清除，全区 39 条主要河流水质达标率达 94%。三是营造绿色生活，组织实施村屯绿化、饮水净化和道路硬化专项活动，加强公路铁路江河沿线、现代特色农业示范区、旅游景区等乡村环境综合整治和基础设施建设。四是大力发展生态经济，推进现代特色农业示范区建设，发展林下经济、秸秆养牛—牛粪种菇—菇料还田、猪—沼—果等循环农业，将生态优势转化为产业优势。

## （二）宜居环境改善阶段

2016年下半年，广西在“美丽广西·宜居乡村”活动阶段，组织开展以改造农村厕所、厨房和畜禽栏舍为重点的基础便民专项行动（以下简称“三改工程”），其中农村厕所改造以建设“两池一洗”（化粪池、便池、冲洗设备）为主；农村清洁厨房改造以“改灶、改台、改柜、改管、改水”为主；畜禽栏舍改造以建设牲畜生态养殖栏舍、配合使用微生物为主。同时，大力提升农村道路、饮水安全、垃圾治理、村屯建设、农房安全和清洁能源利用水平，整体改善农村人居环境。到2018年底，完成农村厕所、清洁厨房改造各200万户，农村无害化卫生厕所普及率达90%以上、农村清洁厨房普及率达60%以上，完成10万户农村畜圈改造，改造完成率达50%以上。

在具体实施中，主要抓实了五个方面。一是注重科学谋划。各地按照自治区的部署及要求，制定本地区工作方案、项目计划和管理办法，落实配套资金。自治区各相关部门安排建设项目到各地，由县级政府统筹整合资金并负责项目实施。二是多方筹措资金。自治区补助资金通过统筹相关部门管理的专项资金解决，缺口部分通过其他渠道筹措。各市县采取市场化方式开展融资，适度利用银行贷款，引导社会资本加大投入，发动群众投资投劳并积极参与，形成多元化的资金投入模式。三是落实各方责任。“三改工程”由自治区住建厅牵头，组成包括自治区发展改革委、财政厅、农业农村厅等单位在内的专责小组，按照各自的职能分工负责；市县、乡镇、驻村工作队及村委会各负其责，层层细化任务。四是分类组织推进。“三改工程”按照“统一设计、统一标准、统一生产”的要求，实施清单管理和标准件建设，科学安排工期，细化工程进度。制定改厕改厨技术标准，引导企业研发生产标准化设备设施。五是强调示范带动。自治区制定《农村改厕改厨技术导则》，在平果、上林、马山、兴安等地开展三改技术示范。2017年全区共完成农村厕所、厨房改造各100万户，农村无害化卫生厕所、清洁厨房覆盖面进入全国先进行列，农村生活垃圾治理工作通过国家十部委组织的综合验收。

## （三）集中攻坚阶段

2018 年以来，广西深入贯彻落实习近平总书记重要指示批示精神，突出抓好农村垃圾治理、厕所革命、污水处理和村容村貌提升，深入推进“美丽广西”乡村建设。2018 年 7 月，自治区印发《广西农村人居环境整治三年行动方案》，成立了由自治区党委书记、自治区主席任组长的乡村振兴领导小组，另有 11 位自治区领导担任副组长，全区各地比照自治区成立相应领导机构，加强组织领导，广泛宣传发动，多方筹措资金，强化督促检查，奋力打好实施乡村振兴战略的第一仗。

### 1. 巩固提升农村生活垃圾专项治理成效

一是加快垃圾处理设施投入运营。截至 2018 年底，全区已建成的 515 个乡镇片区垃圾处理中心、1 268 个村级垃圾处理设施，分别有 449 个、1 122 个投入运营。2019 年，全区计划新建 75 个村级垃圾收运处理设施，至 10 月已完成 30 个。二是开展非正规垃圾堆放点整治，全区堆体在 500 立方米以上非正规垃圾堆放点共 292 个，2018—2019 年计划整治 250 个，截至 2019 年 10 月已完成 155 个。三是深入实施农村垃圾治理水平提升工程，全区对垃圾进行处理的行政村比例达 95%以上，农村保洁员队伍稳定在 17 万人以上，环境日常保洁得到加强。

### 2. 全面推进农村“厕所革命”

2018 年继续推进 100 万户农村无害化卫生厕所改造。一是与改厨改圈相结合，同步提高农户厨房的卫生程度，消除人畜混居现象。二是与脱贫攻坚相结合，将实施农村危房改造的建档立卡贫困户全部纳入农村改厕范围，约 30 万户建档立卡贫困户配建了卫生厕所。三是与环境整治、乡土特色建设相结合，把“三改工程”与农村垃圾污水治理、饮水安全、乡土特色建设、农户庭院清洁与公共空间整治结合起来，村容村貌得到提升。2018 年，全区完成 526 个乡土特色示范工程，114 个村新增列入第五批中国传统村落名录，22 个镇村新增列入第七批中国历史文化名镇名村。四是开展农村公共厕所试点建设。2018—2019 年，全区先后下达农村公共厕所建设试点 600 个，截至 2019 年 10 月，累计完成建设试点 112 个。

**3. 梯次推进农村生活污水治理**

一是加大行政村生活污水处理设施项目建设力度。2018 年，广西在 500 个行政村开展生活污水处理设施建设，其中，中央和自治区共投入资金 15.88 亿元，在 20 个县区、87 个行政村建设污水处理设施 100 余个；各市县自筹资金在 413 个行政村开展生活污水处理设施建设。二是持续推进陆川县、恭城县全国农村生活污水治理示范县创建。截至 2019 年 9 月，恭城县在 100 个行政村建设污水处理站 191 个，已完工 130 个，试运行 104 个；陆川县在 100 个行政村建设 195 个污水处理厂，实现村级污水处理设施基本覆盖。三是推进镇级污水处理设施建设。截至 2018 年底，全区利用农业发展银行专项贷款 49 亿元，建成镇级污水处理设施 488 座、日处理能力约 80 万吨；建成污水管网约 2 299 千米，镇级污水处理覆盖率接近 70%。

**4. 持续推进村容村貌水平提升**

一是全面启动乡村风貌提升三年行动。2018 年 10 月，自治区人民政府印发《广西乡村风貌提升三年行动方案》，要求按照基本整治、设施完善、精品示范等 3 种类型，通过乡村规划、特色风貌、乡村文明、村庄基础设施、村庄公共服务等五大专项行动，对村庄进行分类改造建设，不断优化乡村空间布局，规范农房建设和风貌管控。截至 2019 年 9 月，全区实施 32 条乡村风貌提升示范带建设，已有 4.65 万个村庄开展“三清三拆”；基本整治型村庄开工 3.17 万个，竣工 7 234个；设施完善型村庄开工 388 个，竣工 207 个；精品示范型村庄开工 89 个，竣工 18 个。二是积极筹措建设资金。2019 年自治区层面整合农村人居环境整治、乡村风貌提升、“美丽广西・幸福乡村”、生态环境保护等项目资金约 8 亿元，统筹推进项目建设。各地通过整合涉农资金、加强金融支持、引入社会资本，以及利用土地增减挂钩等方式，积极筹措项目资金。其中，崇左市共筹措各类建设资金 4.3 亿元；浦北县归并整合约 3.77 亿元、500 多个涉农专项资金；金秀县通过“三清三拆”实施增减挂钩项目，盘活用地指标 533.33 公顷，一期已交易的 13.33 公顷收益约 5 000 万元。三是创新推进乡村风貌提升，探索形成五大模式。①乡村风貌提升梯次推进模式，即先环境、后房屋，先地面、后立面。②群众主体＋激励引导结合模式，环境整治以群众为主，以激励政策引导农民逐步改造存量农房，严控新建农房，全区有 38 个县区制定农房建设激励政策。③乡村建设模式组合，即根据项目类型、规模大小、投资主体等，分别采用 EPC 模式、业主建设模式、自治组织建设模式、村民自建模式等实施。④村民自治模式，全区 90％以上村庄组建了村民理事会，93％以上村庄制定了村规民约，组建新乡贤理事会 5 977 个。⑤“四员合一”模式，即实行村屯保洁员、绿化管护员、饮水管理员、道路管养员“四员合一”，有效统筹乡村基础设施管理维护力量。

## 二、农村人居环境整治存在的主要问题

总体上看，近几年来广西在探索后发展欠发达地区推进农村人居环境整治的有效途径上进行了有益的探索，取得了显著成绩，但也存在一些不容忽视的问题。主要是：

### （一）农村人居环境整治进展不平衡

一是区域进展不平衡，从垃圾处理、设施建设、污水治理、改厕改厨、生态宜居、长效机制等完成情况看，桂林、柳州、贺州等市相对较好。二是环境整治重点任务进展不平衡，三改工程、三清三拆、垃圾处理、村屯绿化等推进较快、效果较好，但农村污水治理、屯内道路硬化和村级公共基础设施等面临资金筹措、运营维护等困难，一

些地方农村污水治理尚未启动，环境卫生反弹现象严重。三是长效机制建设不平衡。一方面，现阶段乡村建设长效机制的建立，大多集中在乡村卫生保洁方面，而忽略了乡村建设长效机制的整体性、系统性，尤其是投融资、设施运营维护等方面的长效机制建设大都处于探索、试点阶段。另一方面，长效机制建设的区域性差距较大，以县为单位块状性滞后问题比较突出，部分经济发展水平位列广西较好水平的县市，长效机制建设甚至远远滞后于经济发展靠后县市。

## （二）多元化投融资机制尚未建立

农村人居环境整治的经费投入，主要来自各级财政投入。2013—2014 年全区投入“美丽广西·清洁乡村”建设的资金中，只有 5.3%来自社会捐款捐物、2.4%来自农民自筹。即便是 2016 年由自治区财政厅、住建厅组织向国家农业发展银行贷款 100 亿元，专项用于农村人居环境改善项目，还贷资金来源仍以自治区本级财政资金整合、中央财政专项资金为主。各地乡村建设活动的资金筹措也是以自治区财政补助、地方财政配套为主。农民出资参与建设的主要是村屯道路、饮用水项目；而在引入市场投入与运作上，主要是垃圾收运处理方面试行政府购买服务、承包经营，采取政府与社会资本合作等投资方式的很少。

## （三）农村生活垃圾、污水治理水平亟待提高

从农村生活垃圾治理方面看，2018 年底广西农村生活垃圾治理率已超 90%，但无害化处理、分类处理和资源化利用水平低，垃圾收运处理、保洁长效机制不够完善，环境卫生时有反弹。从农村污水治理看，存在覆盖率低、技术水平不高等问题。截至 2019 年 5 月，全区已建成集中式农村生活污水处理设施 1 977 套，分散式污水处理设施 4 871 套，覆盖行政村 1 716 个，只占全区行政村总数的 12%，自然村屯总数的 0.9%。现有的农村污水处理设施所采用的技术、工艺多达六大类共 28 种，有的是城镇污水处理技术的缩小版，有的

照搬区外设备和处理工艺，符合广西农村实际的污水处理技术体系尚未形成，以致处理技术组合散乱，处理效果参差不齐，加上缺乏运营维护经费，全区已建成的农村污水处理设施有30%左右无法稳定运营。

### （四）基层治理体系不够完善

一是村民自治作用未充分发挥。有的村两委组织软弱涣散，部分村民理事会缺乏议事载体和工作抓手，有的甚至处于管理无章可循、运作经费匮乏而无力执行。二是村规民约也亟待充实完善。广西已有 17.03 万个村屯制定了乡村清洁、建设管理的村规民约，总体上发挥了较好的作用。但一些村屯的村规民约存在条款雷同多、口号多等问题，因缺乏干货和约束性、操作性而流于形式；一些村规民约的执行组织协调机制未建立，对村民违反村规民约的行为处罚不力、约束力不强。三是农村精神文明建设有待加强。在广西相当多的农村地区，陈规陋习和“风水先生”对农房建设的负面影响根深蒂固，农民建房不信规划信风水、建新房留祖屋不拆旧的习惯普遍存在。

### （五）农村人居环境整治制度和政策配套不足

一是有法难依，执法不严。2017 年颁布的《广西乡村清洁条例》，在具体执行中遭遇县乡财政匮乏、执法力量单薄、管理基础薄弱等瓶颈，在一些县区无法落到实处。二是涉及环境整治的政策、制度缺乏统筹谋划和整体设计，这些年尽管相继实施了一批以环境整治为主要内容的专项行动，如“美丽广西”乡村建设、城乡风貌改造、乡土特色建设等，但由于受统筹协调、政策储备、财政支持等不足的影响，加之受工作条件、完成时限等制约，在制度设计、政策体系谋划上总体处于针对专项行动的重点任务寻求政策支撑的层面，缺乏战略性、系统性、前瞻性，制度缺失、政策碎片问题突出。

## 三、进一步做好农村人居环境整治的对策建议

### （一）建立健全政府主导、市场导向、农民主体、社会参与、互为补充的农村人居环境整治投融资机制

#### 1. 深化政府投资方式改革

目前，广西总体上实行的是乡财县管、县级财政自治区直管和市级财政适度支持相结合的模式。但自治区财政包揽过多与专项补助资金偏少并存，各市财政支持县级人居环境整治的投入不同程度缩减，县级财政捉襟见肘，难以拿出相应的财政资金投入乡村建设，以致农村人居环境整治缺乏系统性、综合性，项目零星分散不成体系，未能发挥应有的作用。建立财政分级分类投入体制，是缓解这些问题的重要举措。所谓财政分级投入，主要是明确整治所需的财政资金，采取中央支持、自治区统筹、市级帮扶、县级负责的办法。所谓财政分类投入，主要是将环境整治内容划分为公共产品、准公共产品两大类，其中的公共产品主要包括农村道路、村屯排水、村级公共厕所、小型农田基础设施、池塘沟渠疏浚、小流域治理、护村林生态林等；准公共产品主要包括户用卫生厕所、污水和垃圾处理设施等。对公共产品整治项目，以财政分级投入和村集体投入为主，鼓励社会资本参与；对准公共产品的整治项目，以财政分级投入和社会资本为主，引导村集体和农民积极参与。

#### 2. 建立覆盖乡村建设领域的公共财政体制

其主要构成可以考虑三个部分：一是固化并随财政增收逐年增加以奖代补、民建公助、先建后补等财政补助资金额度；二是分级建立农村基础设施建设投资基金；三是分级发行一般债券和基础设施建设项目集合债券。通过这些方式，构建覆盖广西农村人居环境整治领域的公共财政体制，逐步缓解农村人居环境整治投入的不足。需要特别指出的是，要确保财政稳定增加对环境整治的投入，需要采取三项措施：①从土地出让收益中安排一定比例，专门用于农村人居环境整

治；②探索村集体土地资产资本化，参与市场主体投资和建立股份合作组织。③设立村庄环境整治与管护引导资金。资金来源主要是自治区财政对部门相关涉农资金的整合，专项用于村屯环境卫生保洁和屯内道路维修补助，以及农村垃圾收运处理和农村污水处理设施的运营维护。

**3. 进一步完善农民参与投资机制**

一是要加快村级集体经济发展。除完善以相关财政补助资金投资入股的形式与社会资本合作建立村级集体经济组织等方式外，还可考虑：①将集体资产折股量化与社会资本合作。尤其是引导和鼓励将农村集体建设用地作价投资，与社会资本合作兴办企业，推进农村集体建设用地资产资本化。②发展村级物业经济。处于城郊结合部，以及工业园区、旅游景点景区周边的村屯，可以将征地拆迁后保留下来的集体三产用地，兴建写字楼、物流园区、商贸市场、酒店、公共租赁住房等，建立村级物业经济。还可用活集体闲置用房、传统民居等，拓宽村级物业经济范畴；允许农民将依法确权并取得不动产登记证的农房，以房屋租赁等方式与本集体经济组织之外的居民共同经营。③发展村级股份合作制。积极探索“金融机构＋龙头企业＋农民合作社＋农户”等股份合作模式，发展特色农业、乡村旅游、休闲农业等。稳步探索将依法取得的农村集体经营性建设用地使用权、生活污水和垃圾处理收费权，以及小型水利设施、集体林地、矿山和宅基地使用权等，折合成资产与龙头企业合资成立股份合作制企业；或以承包经营权入股、租赁等形式参与企业经营。二是进一步完善财政激励办法。一方面，研究制定村集体自筹与财政按比例奖补的办法，调动村集体开展乡村基础设施建设的积极性。另一方面，将现行的“一事一议”财政奖补的范畴，适度扩大到村屯公共照明、垃圾和污水处理设施维护、池塘沟渠疏浚、排水沟建设、村屯绿化等，并适当提高“一事一议”财政奖补标准，完善“一事一议”项目的管理，推行民办公助、村民自建制度。三是要建立政府和社会资本合作机制。主要包括两方面工作，即引导和鼓励社会资本、社会组织参与乡村建设，推进政府与社会资本合作 PPP 模式。

### （二）建立健全农村人居环境整治领域拓展扩容机制

党的十九大提出实施乡村振兴战略、推进城乡融合发展的新发展理念，为新时代乡村建设丰富了新内涵、注入了新动力，也意味着我们需要认真审视“美丽广西”乡村建设活动的建设内容、实施方式，把农村人居环境整治提高到一个新的水平。按照农村人居环境整治的要求，结合这几年广西的既有实践，加强环境整治要注重推进“三大转变”：一是从配套农村环境基础设施向践行新发展理念转变，二是从注重单个村屯整治向区域整体、集中连片治理转变，三是从偏重阶段性项目建设向建立健全长效机制转变。推进这“三大转变”的关键环节，是建立健全农村人居环境整治拓展扩容机制，按照统筹规划、分步实施、久久为功的要求，对环境整治内容实行菜单式管理、标准件建设。具体而言，是按照新发展理念的要求，结合实施乡村振兴战略，列出农村人居环境整治的项目菜单，提出行政村、自然村环境整治的标准件，区分公共产品、准公共产品的范畴，以及相应的投资建设、运营维护方式等，加强标准件建设，逐年配套项目菜单，久久为功地整体提升广西农村人居环境水平。在建设时序安排上，要把环境整治菜单所列项目纳入相关建设规划统筹安排，尤其注意优先对行政村、自然村标准件进行拾遗补缺，偿欠账、补短板；对其余需要建设的项目，按照环境整治规划逐年安排，重点突破与分年设施相结合，逐步改善农村人居环境。

### （三）建立健全财政支持、市场导向的运营维护机制

如前所述，环境整治项目由于其属性的不同，使得我们在运营维护方面也需采取差异化的办法。建立健全财政支持、市场导向的运营维护机制，至少应包括四个层面：

#### 1. 财政支持

自治区本级进一步整合相关资金和项目，设立环境整治项目管护

引导资金，主要用于对市县建立长效机制的奖补。要按照以农村常住人口为基础，以及保运转、保基本的原则，核定财政对长效机制补贴经费。要重点对县级财政核拨长效机制工作进行监督考核，防止流于形式、敷衍塞责、弄虚作假。同时，通过财政投入引导市场机制，探索委托、采购等市场运作模式，推进政府向社会购买农村垃圾和污水处理，以及河道、公路和绿化管护等公共服务。

**2. 推行乡村基础设施“村有村维护”**

可以按“先试点、后推行”的工作路径，试行将财政性资金投资建成的农村小型环境基础设施的产权，移交给村委会，由村民理事会或农民合作社等自治组织、集体经济组织管理，发挥村民自治作用，做到村有村用、村用村维护。要做到村有村用、村用村维护，必须创新村级运营维护管理体制。较为可行的做法，是在村两委、村民建设理事会之下，将村屯护林员、养路员、保洁员、治安联防员等进行人员、经费、工作任务的整合，建立村屯环境设施和公共事务管护小组，履行乡村基础设施、治安联防、保洁、林业、公路养护等方面的运营管护职责。鼓励有条件的地方，尤其是旅游型乡村、城郊结合部乡村等，探索建立农村污水处理、生活垃圾处理农户适当付费制度，形成与财政补贴相结合的合理分担机制。

**3. 建立农户付费、村集体补贴、财政补助相结合的新型农村社区管理经费筹措机制**

借鉴城市社区管理理念，在防止强制或变相摊派、增加农民负担的前提下，引导村民和村集体出资出力承担适度的村屯环境基础设施维护义务。现阶段可在村屯环境卫生保洁、垃圾污水处理、村屯公共照明、村屯道路日常维护等方面先行先试；条件具备的村屯，可积极探索建立农民适当付费的新型农村社区管理制度，完善财政、村集体经济组织、农户共担的管理经费筹措机制。

**4. 专业运营维护公司市场化运作**

对部分公共产品和准公共产品类的环境整治设施，如农村污水和垃圾处理、农村道路维护、公共厕所等，可采取引入市场机制的形式委托专业运营维护公司进行运营维护，或采取政府购买服务的形式交由市场主体运营维护。需要指出的是，由于社会资本的趋利性，其只有在有利图、风险小的条件下才会流向环境整治领域。鉴于此，政府要特别注重增强规划引导、财政资金投入和优惠政策等的投入导向，激活各类市场主体参与农村环境整治设施运营维护的积极性。

## （四）集中力量突出解决农村污水治理问题

农村污水治理，是广西农村人居环境整治的瓶颈和最大的短板。推进农村人居环境整治，必须深入研究和完善适合广西实际的农村污水处理建设模式、技术模式和运营维护模式，把它作为推进乡村振兴的战略任务，加强统筹协调、规划引领、技术指导，走符合广西实际的农村污水处理路子。

**1. 加强规划引领**

规划编制既是统筹农村污水治理设施建设的重要手段，也是落实污水治理设施项目的依据和重要保障。要以县为单位，编制农村生活污水治理专项规划，加强与乡村振兴规划、空间规划等的衔接，落实农村污水治理设施的空间布局和建设时序，尤其是要明确在2025年以前，用3～5年时间开展农村污水治理设施建设集中攻坚。

**2. 建立符合广西农村实际的污水治理模式**

加紧构建以纳管处理、村屯集中处理和分散处理为主的农村污水治理模式。其中，纳管处理，主要是对地处城市建成区范围、小城镇周边，距城镇污水处理管网2千米左右的村屯，采取将生活污水通过管道归集到城镇污水处理厂进行集中处理的方式。村屯集中处理，主要是对距离周边村屯较远、居住较为集中的自然村，单独建设污水处理设施进行处理。分散处理，主要是对居住较为分散、地形地貌或村屯聚落形态不利于污水集中处理的自然村，采取独户、联户建设，或按居住组团共建污水处理设施的方式。

**3. 因地制宜建立农村污水处理技术模式**

目前，广西农村污水处理技术多达28种，但这28种技术的经济性和适用性尚未进行全面分析和评估。当务之急是要加快制定农村生活污水处理排放标准，按照分区分级、宽严相济、回用优先、注重实效、便于监管等原则，分类确定控制指标和排放限值。同时，因地制宜筛选适合不同村屯规模、地理条件、发展水平的建设模式和处理工艺，逐步形成广西农村污水治理技术组合模式。

**4. 创新农村污水治理设施建设和运维模式**

重点是坚持创新引领、因地制宜、一县一策，采取政府出资建设处理设施，或采取 PPP 方式建设处理设施，将区域市政设施运营维护捆绑的办法，将农村污水处理设施一并打包给第三方运营，政府相关部门负责监督考评，第三方运营机构负责运营维护。

# 广西推进农村一二三产业融合发展的重点难点和政策取向

黄永辉

推进农村一二三产业融合发展，是当前推进农业供给侧结构性改革的重要抓手，是深入实施乡村振兴战略、加快推进农业农村现代化、促进城乡融合发展的重要举措，也是促进农民持续增收、决胜全面建成小康社会的重要途径。本文探讨了近年来广西农村一二三产业融合发展的亮点成效，剖析存在的问题，重点提出强化顶层设计，加强统筹协调；依托信息技术，助力产业融合；壮大经营主体，培育龙头企业；打造电商平台，增强规模效益；加强要素供给，增添融合动力。

## 一、新时代促进农村一二三产业融合发展的内涵及要求

农村一二三产业融合发展，是指以农业为基本依托，通过体制创新、产业联动、产业集聚、技术渗透等方式，高效配置资本、技术以及资源要素，使农业生产、农产品加工和销售以及其他服务业有机整合在一起，促进农村一二三产业之间紧密相连、协同发展，最终实现农业产业链延伸、产业范围扩展和农民收入增加。

中国特色社会主义进入了新时代，社会主要矛盾已经转化为人民日益增长的美好生活需要和不平衡不充分的发展之间的矛盾，不平衡不充分发展最突出的体现在农村。解决农村发展的不平衡不充分问

作者系广西壮族自治区发展和改革委员会，广西乡村振兴战略研究院特聘专家。

题，需要在行业、城乡之间打破原有阻滞障碍，优化配置各种资源要素，推动资本、人才、技术、信息等要素在城乡之间顺畅流动，实现产业和区域间的优势互补、良性互动。同时，我国经济由高速增长阶段转向高质量发展阶段，对农业农村经济发展提出了新要求，迫切需要加快农业转型升级，培育新型农业经营主体，构建更加完备的现代农业产业体系、生产体系、经营体系，推动农业农村经济更高质量更高效率发展。促进农村一二三产业融合发展，有利于优化产业结构，提高供给体系质量，提升农业农村经济发展的质量和效益，并且在更深层次上对整个国民经济发展中的要素流动、产业集聚、市场形态乃至城乡格局产生积极影响，为经济社会健康发展注入新动能。

## 二、广西农村一二三产业融合发展亮点成效

近年来，广西在推进乡村产业发展中，创新思路，加大力度，促进农业越过界面，与关联产业高位嫁接、交叉重组、渗透融合，催生出了大量的新产业新业态新模式，形成多模式推进、多主体参与、多机制联结、多要素发力、多业态打造的发展格局，为乡村产业转型升级和乡村振兴提供了引领和驱动力量。

### （一）产业融合业态丰富多样

伴随着“互联网＋”的不断发展壮大，广西农业产业融合呈现多样化、多领域、多业态发展格局，“农业＋”多业态的融合发展趋势逐渐成熟，“互联网＋”现代农业发展不断加快推进。如推行“种植＋林牧渔”模式，逐渐形成林下种养、稻鱼共生等发展业态，实现林下经济发展面积超过266.67万公顷；“农业＋加工流通”模式，形成直供直销、会员农业等发展业态，实现规模以上农产品加工企业近2 000家；“农业＋文化、教育、旅游、康养产业”模式，形成创意农业、亲子体验、功能农业等发展业态，实现休闲农业年接待旅客超过6 000万人次（表1）。

表 1　农村产业融合多种业态模式

| 模　式 | 内　容 |
| --- | --- |
| “种植＋林牧渔”模式 | 林下养殖、稻鱼共生 |
| “农业＋加工流通”模式 | 直供直销、会员农业 |
| “农业＋文化、教育、康养”模式 | 创业农业、亲子体验、功能农业 |

## （二）产业融合主体不断壮大

产业融合主体是推进产业融合发展的重要环节。近年来，广西一批大型新型经营主体逐渐向产业链中高端延伸，逐步形成了大型农业企业集团，建立完善了现代企业制度和现代产权制度，形成龙头企业引领、新型经营主体为主、广大农民广泛参与的融合格局。年销售收入 2 000 万元以上的规模农产品加工企业已达 1 900 多家，占全区规模以上工业企业的 36%。其中，自治区级以上重点龙头企业 241 家，年销售额亿元以上的农产品加工企业 358 家。初步形成了市市有特色加工集聚区，县县有规模以上加工企业，每个优势特色产业有加工龙头企业带动的发展格局。

## （三）产业融合示范区建设加快

产业融合示范区是推动农村产业融合的重要载体。近年来，广西现代特色农业示范区及特色农产品优势区加速创建，现代特色农业发展再上新台阶，建成了一批要素集中、产业集聚、技术集成、经营集约的现代特色农业示范区。产业链融合加速推进，基本覆盖农、林、牧、渔业各类名特优新品种生产加工全业态。2018 年全区新增创建各级示范区（园、点）有 6 502 个，其中新增认定自治区、县、乡级示范区（园）458 个，产业发展规模逐步扩大，引领带动作用不断增强。

## （四）产业融合模式持续创新

农业产业融合发展模式持续创新，通过与农业自身融合、与产业延伸融合、与信息技术融合、与城镇融合等，催生出了一批新的发展业态。其中，农业自身融合催生了“林下养鸡”“稻田养鱼”等业态，与产业延伸融合催生了中央厨房、农商直供，横向功能融合催生了创意农业、教育农园、乡村民宿，与信息技术融合催生了数字农业、智慧农业，与城镇融合催生了美丽乡村、田园综合体。与此同时，农业产业链不断向纵深延伸，表现为从建设种植基地到农产品加工制作、仓储智能管理、市场营销体系打造，再到农业休闲、乡村旅游、品牌建设，形成了一条龙发展的“全产业链”模式。

### （五）产业融合资金支持增大

自治区政府出台政策大力支持产业融合发展，其中印发实施《推进农村一二三产业融合发展的实施意见》政策文件，坚持以财政资金为杠杆，创新财政涉农资金的使用和管理方式，通过政府投资引导基金、信贷担保等方式，撬动金融资本、社会资金投入农村一二三产业融合领域，全力支持优势特色农业、乡村旅游产业融合工程、现代特色农业示范区、农业经营主体建设，推进农村产业融合发展。近年来，累计投入资金近 40 亿元，进一步促进了农村产业融合发展基础设施的加快完善、经营主体的加速成长。

## 三、广西农村一二三产业融合发展难点分析

广西农村一二三产业融合发展已取得初步成效，但仍然存在产业融合主体培育、产业融合模式创新、产业融合发展动力不足等问题。

### （一）产业融合程度有待提升

广西农业发展与第二三产业联系匹配度不够，各种产业之间对接存在阻碍，绝大多数农民仅以进行农作物的种植生产为主，忽视了后续加工、运输和出口环节的价值，导致农业与其他产业融合仍存在脱节。农产品加工企业缺乏科技创新，大多数农业企业主要以粗加工为

主，精深加工能力较弱，对农业资源利用效率不高，产品附加值低，没有形成品牌辐射效应。同时，企业与农民缺乏信任感和长期合作，尚未形成紧密的利益共享机制，农民很难分享到第二、第三产业利润，收入得不到有效增加，造成一二三产业融合程度低、层次浅，产业规模效应不明显。

### （二）产业融合发展的生产要素比较缺乏

一是土地要素保障不够，由于资源有限和项目开发数量增多，农村土地要素短缺，供给不足问题越来越突出，无法有效满足休闲农业、乡村旅游、农家乐、农产品加工等产业对土地的需求。二是资金保障欠佳，大多数农村获取发展资金渠道单一，农民贷款意识不强且缺乏抵押物作为担保，金融机构主动营销动力相对不足，造成农村产业融合发展的资金缺口较大。三是人才保障不足，大多数农村地区劳动者在工资待遇、生活保障等方面远远落后于城镇地区，对人才吸引力不强，人力资源外流突出，对农村产业融合发展支撑力不够。

### （三）产业融合发展区域不均衡

广西各个设区市之间农业资源总量分布不均，部分地市农产品主产区面积较大，农业发展资源如土地资源、水资源、气候资源、生物资源相对丰富，农业发展基础较好，农产品加工产业规模持续发展壮大，农业与第二、第三产业联动融合发展程度较高，但仍有部分地市农业基础设施相对薄弱，产业融合示范基地数量偏少。全区示范县和示范园主要集中分布在南宁、桂林和玉林等地，这3个地区的现代特色农业示范区（园、点）数量占全区总量的30％以上，休闲农业与乡村旅游示范点数量占40％以上，梧州、崇左、贵港、河池等市示范区数量相对较少。

### （四）产业融合发展动力不足

目前广西规模以上农产品加工企业近2 000家，与自身相比取得了长足发展，但仍缺乏有实力的新型经营主体，存在结构单一、管理粗放、经营能力弱等问题，部分合作社“有名无实”，家庭农场和专业大户规模小、参与融合能力差、创新能力不强，推动农业与第二、第三产业融合发展的动力不足，与其他省区相比仍有较大差距，广西规模以上农产品加工企业数量分别仅占山东省和四川省的15.4％、71％。

## 四、广西农村一二三产业融合发展的建议思考

站在新的历史方位，促进农村一二三产业融合发展，要针对当前发展中存在的突出问题，注重补短板、强弱项、增活力，加快推动农村一二三产业融合发展不断取得新成效。

### （一）强化顶层设计，加强统筹协调

顶层设计是总体规划的具体化，可以从全局角度加强产业发展的各方面、各层次、各要素的统筹规划，集中利用有效资源，在最高层次上寻找促进产业发展的解决之道。顶层设计关键是结合当前及今后产业发展趋势，抓住产业发展存在的重大问题及背后的体制机制原因，从更高程度上提出切实有效的解决措施才能实现“顶层”意义。农村一二三产业融合发展涉及多部门、多行业、多层次，仍存在协调机制不健全、发展不平衡、信息不联通、任务分工不明确等问题，广西应加强顶层设计，统筹协调各部门职能，研究制定具体政策措施，解决一二三产业融合发展的重大问题和关键问题。具体来看，一是强化产业融合发展的规划引导。根据资源禀赋和产业资源，科学确定各市产业发展功能和定位，指导农产品主产区、重点县域开发区、重点生态功能区因地制宜分类打造优势产业集群，促进一二三产业平衡协调发展。二是完善产业融合发展的工作机制。借鉴自治区部门联席会议制度的经验做法，建立完善自治区农村一二三产业融合发展工作协调机制，理顺各部门职能关系，加强统筹跨部门、

跨领域、跨行业的资源，形成推动产业融合发展的合力。三是健全产业融合发展的政策体系。研究制定促进一二三产业融合发展的用地、金融、财税、交通、人才等方面配套政策，加大政策宣传和贯彻落实力度，细化政策落到实处，营造良好的产业融合发展政策环境。

## （二）依托信息技术，助力产业融合

云计算、物联网开发利用已成为推动农村产业融合发展的重要手段之一。运用大数据和智能化设备可以实时监控土壤、天气变化、水环境、市场供需、农作物生长等状况，通过标准化提升以及保障农产品质量和品质，并可以对一二三产业的各种资源、技术、信息进行整合，提高农业与第二、第三产业的资源配置利用效率，将产业链向上游延伸至农业基地建设、农产品生产等，向下游延伸至农产品深加工、市场流通以及售后服务等，以实现规模经济提高企业产品的市场竞争力。广西应加快发展智慧农业、数字农业，建立完善农业大数据平台，打造形成农业发展管理高效化、生产智能化、经营网络化的格局，帮助提升一二三产业融合度。具体来看，一是扩大农业生产加工信息技术应用。在农业种养殖、农产品收购运输、仓储管理、销售服务等方面，推广使用云计算、物联网、大数据等现代信息技术，构建农业生产加工全程监控系统，建立产品信息追溯体系和发布平台，实现农业生产加工信息与第二、第三产业信息共享互通。二是扩大农业龙头企业信息技术应用。支持企业购置使用先进信息技术及装备，提升科技创新和精深加工能力，提高农业资源利用转化率，打造高附加值农产品品牌，扩大与制造企业、商贸服务企业、批发零售企业的合作优势，形成一二三产企业联合发展局面。三是扩大农产品流通领域信息技术应用。鼓励电商企业和物流企业采用条码技术、射频技术、GPS技术、供应链管理等信息技术，建立完善城镇和农村双向网络交易平台和物流运输系统，在促进农产品流向城镇的基础上，吸引城镇农业生产资料、工业品等流向农村，推动农村产业与城镇产业融合发展。

## （三）壮大经营主体，培育龙头企业

2010 年中央 1 号文件再次提出，要支持龙头企业提高辐射带动能力，扶持建设标准化生产基地，可见农业龙头企业在推动农村一二三产业融合发展中的作用不可或缺，尤其是产业链长的企业带动作用更加明显。农业龙头企业科技水平高、加工能力强、销售渠道多，可以将产业链从农业生产端延伸至第二、第三产业的生产加工和销售服务端，形成“龙头企业＋农户”“龙头企业＋农民合作社＋农户”等多主体经营模式，有效带动农民增收。广西应加大农业龙头企业培育力度，在现有政策基础上研究提出更加实惠的支持政策，打造一批像蒙牛、鲁花等营业收入超百亿元的大型龙头企业，带动农业产业链延伸。具体来看，一是培育大型农业龙头企业。支持企业资产重组和升级改造，加强全产业链打造和供应链管理，提高资源配置效率，重点在农业先进技术推广、农产品加工、原材料基地建设等方面加大投入，构建现代物流服务体系和农产品销售网络，打造形成一批营业收入超百亿元的龙头企业，示范带动一二三产业融合发展。二是抓好农业示范区建设。加大示范区资金扶持力度，支持南宁市隆安金穗香蕉产业园、玉林市玉东新区“五彩田园”等一批自治区现代特色农业（核心）示范区，推广使用物联网、智能控制等信息技术改进传统农业模式，打造形成一批具有自主品牌、低碳环保、质量效益高的一二三产业融合先导区。三是推进专业合作社发展。制定出台具体帮扶措施，支持专业合作社开展标准化生产、自营出口、农超对接、产品展销等业务，整合形成规模较大的合作联社，增强合作社的活力和竞争力，带动农业增产农民增收，增强农业与二三产联动发展活力。

## （四）打造电商平台，增强规模效益

随着互联网普及率显著提高，物流基础设施建设日益改善，今后一段时期农产品网购市场有着巨大的市场需求，电子商务平台交易方式将更加普及。在互联网技术驱动下，电商平台可以利用互联网技术、借助现代物流体系在网上进行产品销售，将农业生产与城镇居民消费直接联系起来，形成一种现代新型业态，尤其是农村电商平台将农村信息流和物流联系在一起，使得农村资源得到充分利用，有效带动了农村经济发展，将第二、第三产业链中更多的利益分配到农村，成为促进农民增收，带动返乡农民创业就业的重要平台。广西应加大农产品电子商务发展建设力度，打造一批辐射区内国内和跨境的大型农产品交易平台，将农业资源从生产到销售各个环节贯穿起来，促进农产品进入大市场、大流通时代。具体来看，一是推进电子商务示范工程建设。重点推进田东、马山、隆安、北流、富川等电子商务进农村综合示范县建设，加快完善农村电商基础设施，配套建设农村电商服务点、县级电商配送和服务中心，解决电商发展“最后一公里”问题，扩大农产品市场流通规模和产值，带动二三产业的农产加工、物流配送等领域发展。二是打造电子商务平台。围绕荔枝、龙眼、芒果、香蕉、脐橙等优势特色农产品打造一批特点鲜明、有影响力的电子商务网络销售平台，推进中国（南宁）跨境电商综合试验区等平台建设发展，促进农业生产资料市场与二三产业市场的信息融合，不断拓宽农产品销售渠道和保障产品价格，缓解农产品滞销、果贱伤农等问题。三是扩大农村电商队伍。研究制定电商入驻优惠政策，吸引阿里巴巴、京东、苏宁等大型电子商务企业进入广西农村电商领域，支持设立农产品电子商务产业园，有效整合农村电商资源，实现电商扶贫的组织化、市场化和专业化，推动农村地区一二三产业融合发展。

### （五）加强要素供给，增添融合动力

产业发展离不开生产要素的投入，产业升级离不开要素配置效率的提高。土地、资本、人才、技术等是支撑和促进产业发展不可或缺的生产要素，推进要素供给侧结构性改革，创新要素供给方式，推动各要素深度融合，形成具有竞争优势的要素供给创新体系，才能更好地激发企业和农业发展新动力，促进农业与第二、第三产业的深度融

合发展。广西应加大要素供给保障力度，创新要素供给制度，想方设法扩大要素供给总量，补齐要素短板，强化要素对产业融合发展的支撑和应用。具体来看，一是加强新业态发展用地保障。坚持用地集约化原则，对利用存量建设用地进行农产品加工、冷藏配送、物流仓储、批发市场等项目建设，以及用于发展休闲农业、乡村旅游、农村电商等农村二三产业的乡镇地区，在新增建设用地计划指标给予奖励和倾斜，单列用地指标支持农村一二三产业融合发展。二是扩大农村融资力度。积极推广农村金融改革“田东模式”，推行“农金村办”，建立村级“三农金融服务室”，将金融服务延伸至村一级，让农户“足不出村”即可享受家门口的金融服务。鼓励开展农村承包土地经营权和农民住房财产权抵押贷款试点，创新贷款融资方式，允许农民利用农业生产设施、土地、设备等产权和生产订单、农业保单等开展贷款。加快建立政府性融资担保体系，加大政府引导和财政补贴力度，解决农村产业融合项目融资难题。三是强化人才科技支撑。加大农村实用人才和创新型人才培育力度，采取以奖代补、先建后补、贷款贴息等方式，鼓励农民工返乡、能人下乡创业创新，支持农业企业、科研机构等开展农产品加工贮藏等技术研发，引导各类人才参与农村一二三产业融合发展工作。

# 广西高水平开放推动农业农村高质量发展的挑战及对策

陆义敏

在 2015 年 3 月发布的《推动共建丝绸之路经济带和 21 世纪海上丝绸之路的愿景与行动》中，中央明确要求“发挥广西与东盟国家陆海相邻的独特优势，加快北部湾经济区和珠江—西江经济带开放发展，构建面向东盟区域的国际通道，打造西南、中南地区开放发展新的战略支点，形成 21 世纪海上丝绸之路与丝绸之路经济带有机衔接的重要门户。”实施更加积极主动的开放带动战略，是党中央的战略要求，是广西发展的必由之路。只有坚持高水平开放，才能有效落实习近平总书记视察广西重要讲话精神，扎实推进现代特色农业建设，加快转变农业发展方式，充分发挥现代特色农业示范区辐射带动作用，开创“三农”工作新局面，最终推动广西农业农村高质量发展。

## 一、广西高水平开放推动农业农村高质量发展的现状

### （一）广西农业加快“走出去”拓展了广西农业农村高质量发展的空间

1. 依托中国（广西）—东盟农作物优良品种试验站项目，广西在越南、老挝、柬埔寨、印尼、缅甸积极开展农业新品种新技术交流

作者系广西财经学院副教授，广西乡村振兴战略研究院特聘专家。

活动，通过推广种植技术和培训农业技术人员，不仅促进了项目所在国农业增产增效，更有效树立了广西农业品牌形象，为后续合作共赢提供了广阔空间。

2. 率先启动越南、柬埔寨、文莱、老挝等境外合作示范区和凭祥、百色等农业对外开放合作试验区的“两区”创建工作。其中，越南境外合作示范区初步形成了集新品种研发、试验示范、种子生产加工、粮食生产加工于一体的现代种业产业园。柬埔寨境外合作示范区初步建成了集水稻新品种研发、生产加工、养殖于一体的生态循环农业产业园。境外合作示范区为广西农业产业化企业抱团走出去投资提供了平台支撑。

3. 在沿边地区建立了 4 个农产品出口和沿边示范基地、4 个沿边农业合作示范基地和 2 个桂台农业合作示范基地。10 个基地的新品种、新技术示范面积超过 330 公顷，其中 6 个基地建成和完善了农产品质量追溯系统，有力推动了广西农产品出口贸易的持续成长。

### （二）广西农业积极“请进来”夯实了广西农业农村高质量发展的基础

1. 在境外合作示范区和农业对外开放合作试验区的“两区”创建工作中，凭祥对外开放合作试验区按照“互市＋加工”运营模式推进对外合作企业转型升级，建立了“以贸带工、以工促贸”的产业发展模式，招商引资效果明显。

2. 围绕农业产业链建设、农产品精深加工、销售平台搭建等农业产业化发展的短板和问题，广西积极开展面向世界 500 强和国内知名企业的招商引资活动，2018 年农业引进企业投资总额超过 500 亿元，吸引了正大、正邦、以色列纳安丹吉、海大、中农联、菜大师等一大批知名企业到广西投资合作和产销对接。

## 二、广西高水平开放推动农业农村高质量发展的挑战

### （一）农产品出口的区域竞争日趋激烈，有效开拓市场面临强大压力

随着农业产业化水平日益提高，农产品出口日益成为区域发展的重要组成部分，而且相当程度成为区域经济发展实力的重要体现指标。

根据国家商务部的统计数据，山东、广东、福建为我国农产品出口的第一方阵，2018 年农产品出口金额均超过 100 亿美元，其中山东年农产品出口金额更是高达 174 亿美元。浙江、江苏、辽宁为第二方阵，年农产品出口金额在 40 亿～60 亿美元。云南、河南和广西为第三方阵，年农产品出口金额分别为 38.74 亿美元，25.69 亿美元和 21.05 亿美元。其中，山东、广东、福建、浙江、江苏、辽宁等省份占据了农业产业化和市场开拓的先发优势，而共同面对东盟市场的云南在农产品出口和市场开拓方面也是势头强劲。广西利用高水平开放拓展农产品出口市场，前有“标兵”，后有“追兵”，不可避免面临着强大的区域竞争压力。

### （二）农业招商引资日益成为区域竞争热点，增强农业项目吸引力迫在眉睫

在特色农业、脱贫攻坚和生态经济发展的大背景下，以农业招商引资为抓手推动一二三产业融合发展，成为了各地培育经济发展新动能的重要着力点。

2018 年广西通过重点瞄准 500 强和知名跨国企业，采取领导带队上门招商、特色产业专场推介、扶贫项目“点对点”对接等方式，农业引进企业投资总额超过 500 亿元，取得了令人鼓舞的成绩。但是，国内其他省区市通过出台一系列激励措施，聚焦世界 500 强和国内知

名企业，农业招商引资活动也是风生水起，农业招商引资已经成为区域竞争热点。要实现农业农村高质量发展，广西只能直面区域发展竞争事实，全面挖掘农业资源的特色优势，切实增强农业项目吸引力。

### （三）农业产业化进程和农业品牌建设滞后，构成深度对接先进生产力的现实障碍

广西是农业大区，蔗糖产量占全国总量的60%以上，桑蚕茧产量约占全国总量的45%，水果、蔬菜、肉类和水产品等产量位居全国前列，是中国第二大中药材产区。但是，广西农产品加工转化率约为40%，低于全国65%的平均水平，果蔬、畜禽、水产品精深加工率不到10%，农业产业化龙头企业数量和实力不足，产业链条和产业集群缺失等问题持续困扰。另外，广西农业品牌建设工作依然处于起步阶段，2018年通过建立农产品品牌目录制度，选出区域公用品牌、企业品牌、农产品品牌共199个，品牌总产值达656.7亿元，品牌总价值超1 500亿元，横县茉莉花及茉莉花茶、钦州大蚝、昭平茶、富川脐橙等5个品牌更是跻身全国区域品牌百强。但是，广西农业品牌影响力与先进省份的差距明显，特色农产品的潜在品牌价值有待深度挖掘。显而易见，广西农业产业化发展基础和市场影响力相对薄弱，已经相当程度成为农业有效对接先进生产力的现实障碍。

### （四）农业产供销一体化服务体系亟待完善，已经成为吸引农业产业化龙头企业的短板

目前，广西已经修建了通达乡村的公路交通网。2018年全区农村公路总里程达到10万千米，全区乡镇、具备条件建制村通硬化路率分别达到100%和99.9%。全区14个设区市111个县级行政区均设置了农村公路管理机构，形成以农村客运站场为依托、以短途专线车客运为主的县到镇和镇到行政村的农村道路客运网络体系。不难发现，广西农村居民的生活出行得到了巨大改善。但是，随着乡村振兴事业的深入推进，农业产供销一体化服务体系的建设相对滞后，已经

成为了广西农业产业化和农产品交易流通迫切需要打通的“最后一公里”，并因此成为依托高水平开放推动农业农村高质量发展必须要跨越的障碍。

### （五）农业科技投入和人才支撑不足，不利于把握高水平开放机遇推动农业农村高质量发展

由于广西发展起点低、经济基础薄、企业实力弱，全区研发经费支出占地区生产总值的比重长期低于1%，且远低于全国2%以上的比重。根据自治区统计局的数据，2018年广西全社会研发投入中政府资金为42.6亿元，占全社会研发投入比重为29.4%。其中，自治区财政共计资助优势特色农业方面科技项目经费5.47亿元，较上年增长14%。不难发现，广西农业科技投入明显不足。

在农业科技投入不足的情况下，广西通过有效整合资源，积极引进区内外专家，深化市县农科院所改革，开展农业各层次人才培训，设立自治区级人才小高地，共育成新品种（组合、品系）530个，共计研发和集成335项优质高产、绿色生态技术，制定了158个技术规程，获得了170项技术专利，成绩确实来之不易。但是，随着广西高水平开放的不断深入推进，农业科技投入和人才支撑不足，会影响农业参与到国际产业分工合作体系的深度和广度，会制约农业农村高质量发展所能够达到的高度。

## 三、广西高水平开放推动农业农村高质量发展的对策

### （一）深化“技术合作＋产业投资＋系统服务”的有效形式，提高农业产品和服务输出数量和质量

1. 在技术合作中拓展商机。继续依托中国（广西）—东盟农作物优良品种试验站项目，继续深耕越南、老挝、柬埔寨三个试验站和建设印度尼西亚、缅甸两个试验站，在加快推动农作物新品种、新技

术走出去，开展种质资源收集和开发利用，促进项目所在国农业增产增效的过程中，创造广西农业产业化企业的更多项目投资机会。

2. 在平台建设中集聚产业。继续推进“两区”创建工作，深化越南、柬埔寨、文莱、老挝等境外合作示范区和凭祥、百色等农业对外开放合作试验区试点建设，持续带动广西农业产业化企业抱团出海发展，并吸引世界五百强和国内知名企业入园投资，形成农业产业集聚并获取规模经济效应。

3. 复制广西建安的成功经验。复制和推广建安开拓海外糖厂建设和运营市场的成功经验，全面梳理广西优势农业领域中建设、运营、服务的成功经验和成熟模式，整合资源，把握商机，以系统性农业项目服务提供商的姿态参与国际竞争，并带动农业及相关产业的优质产品和服务出口，赢取更多发展空间。

### （二）突出广西农业特色和发挥平台功能，以项目和平台吸引力为核心开展灵活多样的农业招商引资工作

1. 突出围绕重点发展的“10＋3”产业梳理和推介项目。按照“强龙头、补链条、聚集群”指示精神，重点整合粮食、糖料蔗、水果、蔬菜、茶叶、蚕桑、食用菌、渔业、优质家畜、优质家禽10大种养产业和富硒农业、有机循环农业、休闲农业3大新兴产业，以市场吸引力为核心，扎实做好市场广阔的农业产业化投资项目的包装和储备工作，并灵活多样采取产业主体招商、小分队突击招商、专题招商、节会招商、以商招商、精准招商、网上招商等多种方式，精准对接龙头企业和旗舰型企业。

2. 以强化现代特色农业示范区的产业服务功能为抓手吸引企业。根据《广西现代特色农业示范区建设增点扩面提质升级（2018—2020）三年行动方案》，2020年将累计建成自治区核心示范区300个、县级示范区600个、乡级示范园3 000个、村级示范点15 000个。现代特色农业示范区是承接广西高水平开放和支撑农业农村高质量发展的样板区和先行区。为此，需要把农业产业化服务的市场功能

和公共功能有机整合到现代特色农业示范区，为企业投资、生产和销售提供一揽子全生命周期服务，持续降低企业投资周期和成本，吸引企业集聚并推动一二三产业融合发展。

## （三）紧紧依托高水平开放，多渠道推动农业产业化和农业品牌培育不动摇

1. 突出强龙头补链条，聚集群不动摇。通过引进和培育一批农业产业化龙头企业，释放其辐射带动作用，以生产环节为中心，支持龙头企业向前端延伸带动各类新型农业经营主体建设原料基地，向后端延伸建设物流营销和服务网络，打造全产业链生产经营体系。

2. 拓展农业多功能，推动产业融合发展。以农业产业化龙头企业为依托，以农业多功能拓展为方向，打通农村一二三产业深度融合的障碍，推动农业与加工、旅游、文化、教育、康养、电商等产业融合发展，提升农旅融合、农文融合、产城融合、产村融合程度。

3. 强化农业产品生产品质，持之以恒打造农业品牌。以市场为导向，坚持以种业引领产业科技创新和品质升级，加快优良新品种新技术研发推广，推行规模化、标准化、品牌化，提升农产品品质。深化农产品品牌目录制度，打造和推广一批农产品区域公共品牌、企业品牌、产品品牌，提升农产品市场竞争力。

## （四）以开放心态汇聚国内外人才，在农业产业化进程中撬动科技投入和推动人才培养

1. 以农业产业化龙头企业为依托，通过市场行为整合全区企业、高校、科研院所的科研资源，打通产学研一体化的上下游障碍，尝试建立创新联合体，围绕粮食、糖料蔗、水果、蔬菜、茶叶、蚕桑、食用菌、渔业、优质家畜、优质家禽 10 大种养产业和富硒农业、有机循环农业、休闲农业 3 大新兴产业，积极开展市场化导向的研发活动，切实提高农业科研成果转化效率，增强农业发展后劲和竞争实力，推动农业农村高质量发展。

2. 在充分研判广西特色农业发展趋势的基础上，通过设立农业产业投资基金的市场化运作方式，在国内外甄别符合广西特色农业发展需要的初创企业，寻找机会开展股权投资或财务投资，跳出区域限制，充分利用国内外优质人才为我所用，保持足够战略定力，为农业农村高质量发展积蓄力量。

### （五）紧扣农业产业化企业的发展痛点，持续优化农业产业化发展的硬件和软件环境

1. 以农业产业化的冷链物流痛点为切入点，不断完善农业产业化服务体系。加快建立自治区、市、县三级冷链物流体系和覆盖城乡的冷链物流网点。加快配套建设一批地头冷库、田头贮藏设施，推进果蔬等农产品产地预冷、商品化处理和冷链物流建设，解决好冷链物流“最后一公里”问题。通过合作社方式，合理布局农业产业化服务站，为覆盖区域的农业发展提供低成本、便利化的全方位农业生产社会化服务。

2. 以持续农业产业化项目全生命周期服务为导向，全面梳理项目建设、运营和服务的公共服务流程，明确服务环节、关键节点和问题隐患，有效整合公共服务资源和形成工作手册、规章、制度和应急处置方案，实实在在提高政府部门办事效率，为企业投资提供最大程度便利条件。切实建立正向激励的干部用人和容错机制，让肯干事愿担当的干部尽快脱颖而出，持续营造有利的营商环境。

# 广西现代特色农业示范区创建成效与建议

黄予慧

创建现代特色农业示范区，是广西贯彻落实中央关于全面深化农村改革、加快现代农业发展重大决策的创新行动，是广西打响现代特色农业品牌的重大抓手，也是广西作为农业大省区推进农业现代化的展示窗口。自 2014 年正式启动创建以来，全区示范区创建在完成“点—线—面”战略布局的同时，实现了“量—质—效”的提升发展。截至 2019 年 12 月，共认定示范区（园、点）13 851 个，其中自治区级示范区 339 个、县级示范区 726 个、乡级示范园 2 558 个、村级示范点 10 228 个，实现了“三个全覆盖”（即全覆盖所有设区市和县域，全覆盖农林牧渔各产业和休闲农业、生态农业、“互联网+农业”等新业态，全覆盖生产加工品牌销售全链条），成为广西现代特色农业高质量发展的新载体、产业脱贫攻坚的新引擎和乡村产业振兴的新高地。2017 年 4 月，习近平总书记亲临广西视察指导时，充分肯定了广西包括现代特色农业在内的改革发展稳定各项工作取得的成绩，并做出了“扎实推进现代特色农业建设”的重要指示。

## 一、广西现代特色农业示范区创建的发展历程

广西现代特色农业示范区创建历经“十二五”“十三五”两个规划期，目前预期目标制定到 2020 年底，整个历程可分为四个阶段，每个阶段均紧跟中央和国家关于“三农”发展的主导方向，不断调整

---

作者系广西壮族自治区农业农村厅发展规划处副处长。

和完善创建工作指导思想和具体行动方案，充分体现了统筹全局、先行先试、谋划长远的发展思路。

**第一阶段：决策部署**（2014 年 4—6 月）

2014 年上半年，自治区党委、政府作出创建现代特色农业示范区的战略决策，研究制定《广西现代特色农业（核心）示范区创建方案》，明确要求以改革创新为动力，以农业转型升级和农民增收致富为目标，按照“市场主导、政府引导、多元投入、特色兴区”四大原则，建设一批要素集中、产业集聚、技术集成、经营集约的现代特色农业示范区。

**第二阶段：启动试点**（2014 年 6 月—2015 年 12 月）

自治区高位推动，区直相关部门合力推进，全区各地积极性高涨，除自治区下达的 20 个创建任务外，各地还主动请缨新增创建。2014 年底，自治区对申报创建的 36 个示范区进行考评验收；2015 年 2 月，自治区政府认定了 12 个第一批自治区级示范区，在全区农村工作会议上举行了授牌仪式，试点工作取得初步成效，并在全区进一步推开。

**第三阶段：全面推进**（2016 年 1 月—2017 年 12 月）

为进一步全面推进示范区创建，自治区出台了《广西现代特色农业示范区建设（2016—2017 年）行动方案》，进一步推动示范区创建由县一级延伸到乡镇一级。截至 2017 年底，全区累计启动创建示范区 1 730 个，在自治区级示范区不断增多的基础上，还新增了一批县级示范区和乡级示范园，示范区创建呈现出从少到多、多级联创、百舸争流、百花争艳的良好局面。

**第四阶段：提质增效**（2018 年 1 月—2020 年 12 月）

2018 年，广西现代特色农业示范区建设增点扩面提质升级三年行动全面启动，新增村级示范点建设要求，并进一步要求严格把握创建标准，提高创建综合水平，探索形式多样的经营管理模式，推动示范区一二三产业融合发展和提档升级，充分发挥示范引领带动作用。通过提质增效，全区各地涌现出一批特色优势突出、带动力强、创新亮点多的示范区，对现代特色农业发展的引领作用日益显现。

## 二、广西现代特色农业示范区创建的主要措施

### （一）顶层谋划设计，高位部署实施

现代特色农业示范区创建是自治区党政一把手亲自策划、主抓推动、接续推进的广西现代农业发展“头号工程”，出台了一系列强力举措，并要求各级党政一把手要亲自过问和亲自部署、分管领导要紧抓不放和一抓到底，有力确保了示范区建设在广西全战线铺开、全方位打造、全社会参与。示范区创建实施以来，广西每年贯彻落实中央1号文件的实施意见均就创建工作进行部署，自治区党政一把手多次出席动员部署会作动员讲话、多次到各级示范区现场考察指导，自治区政府分管领导每年组织召开2次示范区现场推进会和开展1次示范区建设工作督查。此外，自治区党委、政府多次召开示范区建设现场推进会、问题研究会等，加强部署工作、着手解决问题，全力推动示范区创建取得实效。

### （二）构建政策体系，强化行动支撑

一是出台一系列行动方案，强化整体部署。自治区层面，先后出台《广西现代特色农业（核心）示范区创建方案》《广西现代特色农业示范区建设（2016—2017年）行动方案》《关于加快县域现代特色农业示范区建设的实施意见》《关于推进广西现代特色农业示范区扩面提质增效工作的指导意见》《广西现代特色农业示范区建设增点扩面提质升级（2018—2020）三年行动方案》等，推动示范区创建实现“十三五”规划期全覆盖、市县乡村全覆盖、农林牧渔及产业链全覆盖和建设质量大提升。二是出台一系列配套文件，夯实政策支持。各相关厅局相继出台系列文件，从项目、资金、用地、技术装备等各个方面进行支持。国土、林业、电力部门优先安排示范区新增建设用地、用电指标，为示范区用地、用电开辟“绿色通道”。鼓励引导金

融机构创新支农贷款产品，开辟审批绿色通道，开展农村“两权”抵押贷款试点工作，提高示范区经营主体的融资能力，推动农业贷款担保机构对示范区内的农业新型经营主体实行优惠担保费率。三是出台一系列管理和认定办法，统一创建标准。自治区政府办公厅印发了《广西现代特色农业（核心）示范区星级评定管理办法》和《广西县乡两级现代特色农业示范区建设标准》，分级、分类细化了自治区级和县乡两级示范区的建设要求和建设标准，明确对自治区级示范区按三星、四星、五星 3 个等级进行星级评定与管理，对获认定的示范区对应奖补 300 万元、400 万元、500 万元，获认定为县级的示范区每个奖补 100 万元，获认定为乡级的示范园每个奖补 30 万元。2018 年的《广西现代特色农业示范区增点扩面提质升级（2018—2020）三年行动方案》在原考核评定标准基础上，修订了自治区级核心示范区建设标准和县级示范区、乡级示范园建设参考标准，并进一步制定了村级示范点建设参考标准，同时新增了自治区级核心示范区种植业类、畜禽业类、水产业类、休闲农业类、林业类建设标准。

### （三）加强组织领导，健全机制制度

一是建立自上而下的领导机制。自治区层面建立了由 16 个厅局共同组成的广西现代特色农业示范区工作厅际联席会议制度，明确由自治区农村工作领导小组办公室和农业农村厅具体牵头抓；各设区市和自治区级示范区均建立了示范区创建工作领导协调机构。二是建立处级领导挂点挂职制度。自治区相关单位分别挂点联系 1～2 个示范区并指定 1 名处级干部为联络员，各市县相应建立挂钩联系制度，还从区直有关部门统一选派 67 名处级干部到全区 14 个市和 53 个重点县政府挂职指导各地创建工作。三是建立分级考评和审核认定制度。自治区级示范区实行统一考评，由自治区农村工作领导小组办公室组织专家组赴实地进行，专家组提交会审结果，领导小组呈报自治区人民政府审定并公布。县级示范区考评由自治区农村工作领导小组办公室委托市级领导小组办公室交叉验收，名单经自治区农村工作领导小

组办公室审核后，由市级人民政府审定并公布。乡级示范区考评由市级农村工作领导小组办公室委托其所在县（市、区）交叉验收，名单经市级农村工作领导小组办公室审核后，由县级人民政府审定并公布。四是建立督查检查和绩效考评机制。自治区建立了示范区建设督导机制和示范区工作月报制度，并将示范创建纳入各地年度绩效考核、乡村振兴实绩考核内容，对存在问题多、工作不落实、建设水平低的示范区进行批评整改甚至摘牌，对考评晋级的予以对应奖补和支持。

## 三、广西现代特色农业示范区创建的成效亮点

### （一）激活了加速土地流转集聚的新动力

全区各地在创建示范区的过程中，因地制宜推行了土地流转、小块并大块、股份制农业等土地经营模式，有力推动土地资源朝示范区流转集聚。据不完全统计，当前 13 581 个示范区（园、点）连片面积超过 200 万公顷，占全区流转耕地总面积的 30%以上。同时，还产生了一批万亩以上超大规模的现代农业园区。如南宁市隆安县金穗香蕉产业（核心）示范区，由金穗集团流转 5 333.33 公顷土地建设了全国最大的标准化香蕉产业园；崇左市龙州县水窿果蔗产业核心示范区推行农村土地“小块并大块”模式，引进了 4 家龙头企业，创办了 6 个农业专业合作组织，正在打造总面积 1 800 公顷的大型园区。

### （二）培育了各方资本投资兴业的新热土

全区积极整合涉农财政资金集中投向示范区，其中，自治区整合年度涉农资金，每年均安排 3 亿元示范区奖励专项，对自治区级示范区进行奖补。各地也整合涉农资金，相应设立了奖励专项，如柳州市对市级、县级、乡级示范区（园）每个分别奖励 300 万元、100 万元、30 万元。自治区还组织开展了农业高质量发展银企对接系列活动，仅 2019 年就发动各级示范区经营主体填报融资申请共计 29.78

亿元，并推动达成了融资合作。随着政策拉动效应进一步放大、财政杠杆作用不断显现、金融支持力度持续加强，示范区也成为近年来广西农业招商引资的新名片、农村投资兴业的新热土。截至 2019 年 12 月，全区 13 851 个示范区累计投入财政资金 263 多亿元，吸引社会资金投入 760 多亿元。

### （三）构建了多方参与合作共赢的新机制

一方面，创新确立了“政府引导，保证基础设施投入；市场主导，引进新型经营主体；统筹协调，兼顾经营主体和农民利益”的创建机制，截至 2019 年 12 月，全区各级示范区的经营主体有农业企业 3 967 家、农民合作社 8 200 家，经营总收入达 1 686 多亿元，实现旅游总消费 83 多亿元，其中 2019 年有 7 家示范区企业入选国家级农业产业化龙头企业。另一方面，着力探索“示范区＋N”的合作与经营管理模式，充分发挥新型农业经营主体的主导作用，把企业、合作组织、农民等“N 方”力量充分调动起来，不断提高组织化程度，实现产业化经营，既要提升经营主体收益，更要推动更多农民参与获利，当前示范区核心区内的农户人均收入普遍高出周边农户 30%以上。通过创建示范区，广西不仅成功探索出了一条“政府引导、市场主导、企业主体、多方兼顾”的园区创建新路径，而且成功创出了小农户对接大市场的利益联结新模式，实现了“地方发展、产业做强、企业获益、农户增收”的多方共赢。

### （四）形成了高新技术研发应用的制高点

全区各地示范区创建坚持以科技为引领，充分运用现代先进生产技术来改造提升传统农业，推动特色农业向现代化转型升级。特别是 339 家自治区级示范区，几乎集聚了广西最优新的品种、最先进的技术和最优良的设施装备，成为广西农业科技创新与孵化应用的制高点。截至 2019 年 12 月，全区 13 851 个示范区共引进新品种 11 465 个，应用先进生产技术 8 113 项，包括设施农业、嫁接无病苗木、水肥一体化滴灌、绿色病虫害防控、生态循环种养、“微生物＋”生态养殖、农机农艺融合、智慧农业等方面先进技术得到广泛推广。如由国家级农业产业化龙头企业广西扬翔股份有限公司投资建设的贵港扬翔亚计山现代生态养殖（核心）示范区，在全国率先应用了楼房养猪的现代养殖模式，开启了“智慧农场、生态养殖”的养猪新时代。

### （五）搭建了一二三产融合发展的新平台

广西将一二三产业融合发展列入示范区创建的重要内容，推动已有的示范区和新创建的示范区积极拓展农业多种功能，发展各类新产业、新业态，加快打造以示范区为龙头的区域全产业链。全区 339 个获认定的自治区级示范区中，90％以上均涉及三产融合项目，其中以休闲农业为主题的示范区达 32 个，约占总数的 10％，大部分自治区级示范区同步开展有农产品加工业、休闲农业和农村电商等业态，一二三产兼营已成为示范区发展的主流方向，“一主多辅、一体多元、三产融合、协调发展”已成为大多数具备一定规模的示范区的发展特点。如柳州市融安县桔乡恋歌金橘产业核心示范区着力打造金橘全产业链，建立了自己的仓储物流基地和精深加工基地，推出了金橘鲜汁饮料、果脯、蜜饯加工及果皮、果核、果油等系列产品，仅融安县 2018 年举办的电商大集就推动融安金橘全网销售 335 043 单、销售额 4 702 万元。

### （六）打造了现代农业高质量发展的新高地

广西自 2015 年起主打现代特色农业“10＋3”产业提升，即重点提升打造粮食、糖料蔗、水果、蔬菜、茶叶、桑蚕、食用菌、罗非鱼、肉牛肉羊、生猪 10 大种养产业和富硒农业、有机循环农业、休闲农业 3 个新兴产业。各地在示范区创建中紧扣“10＋3”产业主线，兼顾“一村一品”和“一乡一业”等区域特色，多产业、多元化、多层次进行布局创建，很快打造形成了一大批现代农业产业高质量发展的新高地。截至 2019 年 12 月，全区 339 个自治区示范区中，有 89

个水果产业主题园区、74 个林业园区、42 个畜禽园区、32 个休闲农业园区、25 个蔬菜（食用菌）园区、16 个粮食产业园区、15 个肉牛肉羊奶水牛园区、15 个水产业园区、12 个茶业园区、7 个糖料蔗园区、6 个桑蚕园区，还有中药材、生态种养等多类主题园区。

### （七）开启了产业扶贫产业富民的新引擎

广西贫困地区的示范区基本上实现了创建工作与扶贫工作的相结合，主导产业与县级“5＋2”、村级“3＋1”扶贫产业相对应，创建效果考核评定与当地产业脱贫效果相对照，使示范区成为产业扶贫的新载体、助农增收的新引擎。截至 2019 年 12 月，全区 54 个贫困县累计认定自治区级核心示范区 162 个，占全区总数的 47.8％；各级示范区累计带动贫困农民超过 50 万人。在示范区的辐射带动下，2019 年底广西特色扶贫产业覆盖率达到 96.94％；全区 252 万贫困人口通过发展产业实现增收脱贫、占脱贫总人数的 78％以上，大幅超过全国 67％的平均水平。如柳州市三江侗族自治县高山稻渔核心示范区发展稻渔综合种养，有效带动农民增收脱贫，成为 2019 年全国稻渔综合种养产业扶贫观摩会的现场，农业农村部副部长批示肯定“广西三江模式”是全国丘陵山区扶贫产业的典型范例并要求总结推广。

### （八）开创了产村互促振兴乡村的新局面

全区各地将示范区创建与“美丽广西”乡村建设结合起来一并推进，注重产业高质量发展与美丽乡村建设的融合发展。很多示范区一手抓生态田园、生态水系、生态家园建设，一手抓“三品一标”农产品生产，同步提升了社会效益和生态效益，帮助打造了清洁乡村、生态乡村。各示范区围绕产业富民、服务惠民、基础便民，主动参与农田村庄基础设施建设，有力促进了农业生产条件改善，帮助补上了农村基础设施短板。还有很多示范区深入挖掘当地的农耕文化、历史文化、民族民俗文化等，打造了一大批各具特色的艺术稻田、文化长廊、科普园，帮助当地建设村史馆、文化陈列室、村庄综合文化服务中心等，并结合产品营销开展了各类节庆、文化活动等，为传承农耕文化、促进乡风文明、打造桂风壮韵发挥了积极的作用。2014 年以来开展的示范区创建行动和 2013 年以来实施的“美丽广西”乡村建设行动一起，长期规划，双线并行，双轮驱动，前者着眼农业、后者着眼农村，产村互动、效果叠加、成效倍增，推动广西朝着农业强优、农村美丽、农民富裕的方向加快前进。

## 四、广西现代特色农业示范区创建的存在问题

广西现代特色农业示范区创建工作虽然取得了十分显著的成效，但各地在推进现代特色农业示范区创建仍受到很多现实、历史因素制约和影响，主要仍存在四个方面的问题和不足。

### （一）经营组织化程度仍然偏低

示范区各种利益联结机制有待进一步加强，带动农民增收的渠道还有待挖掘；示范区普遍缺少带动能力强的大型龙头企业，专业合作社规范化程度不高，发挥作用还不够强，引领农产品品牌建设的能力有待继续提升。

### （二）装备设施化水平还不够高

对照农业现代化的更高要求来说，部分示范区的水、电、路、通信等公共设施仍需要进一步加强，先进生产设施设备投入需要进一步加大，配套服务设施需要进一步提升，科技创新及孵化应用能力需要进一步增强，此外农产品质量追溯体系也有待普及和健全。

### （三）农产品精深加工程度较低

示范区农产品加工普遍以初加工为主，精深加工和综合利用加工还不是很多，而且初加工的储藏、保鲜、烘干等水平也不高，技术装

备水平较落后，冷链物流系统建设滞后，电商发展水平较低，农村新业态发展仍有待提升。

### （四）县乡村级示范区建设资金比较紧张

示范区建设需要大量资金投入，县乡村级示范区经营主体普遍规模较小、实力不足、融资渠道也不畅，部分县市区特别是贫困县市区财政困难，整合资金难度较大，不论是增点扩面，还是提质升级，县乡村级示范区建设都面临着投入不足的瓶颈。

## 五、广西推进现代特色农业示范区建设的下一步建议

广西推进“十四五”农业高质量发展，仍需要坚持以现代特色农业示范区建设作为重大抓手。为此，需要不断总结创建经验，充分借鉴国内外先进做法，进一步创新理念、完善机制，推动现代特色农业示范区高标准、高质量、高水平持续建设，构筑加快建设现代特色农业强区的有力支撑。

### （一）对接“十四五”规划，推动示范区持续建设

现代特色农业示范区经过连续多年的持续打造，在全区已呈现遍地开花、硕果累累的态势，是广西农业发展的一大亮点，以及在全国展示广西现代特色农业的一大名片。要在全面完成 2020 年建设目标的基础上，及早做好统筹谋划，积极主动对接“十四五”规划，持续开展示范区建设工作，把示范区建设打造成为跨越“十二五”“十三五”“十四五”三大规划期的长效行动、可持续工程。

### （二）紧扣高质量发展要求，加快示范区提档升级

继续用好国家和自治区推进各类园区建设的相关政策红利，按照国家现代农业产业园创建标准，加强对园区建设工作的督促指导，完善示范区软硬件建设，确保创建进度和质量。坚持质量兴农、科技强

农，坚持绿色发展、品牌引领，坚持农村一二三产业融合发展，提高示范区组织化程度，提升示范区装备设施水平，把示范区建设继续推向一个新高度，力争实现由“亮”到“强”的跨越，更好地发挥示范区的先导作用，促进广西农业的高质量发展。

### （三）围绕乡村振兴战略实施，继续强化示范区发展支撑

依托乡村振兴战略实施，落实“三农”发展重中之重和“四个优先”原则，进一步完善财政、金融、税收、土地利用和水电支持等配套政策，构建示范区持续健康发展的良好环境，切实把示范区建设成为实施乡村振兴战略的样板区、农业转型升级的引领区、深化农村改革的试验区、农业农村现代化的先行区。

### （四）用好重大开放开发机遇，提升示范区开放合作水平

积极把示范区建设融入中国—东盟合作、“一带一路”建设、西部陆海新通道建设、粤港澳大湾区建设等国家重大战略中，利用战略机遇深化广西农业对外开放，推动示范区积极参与粤港澳大湾区产业转移、边境农产品加工集聚区建设、出口农产品示范基地创建、“广西农业丝路行”活动等重大任务，努力把一批示范区打造成为广西优势特色产品的出口基地和对外交流合作的重要平台。

# Ⅲ 调研报告

# 钦州市加快城乡融合发展的对策建议

许忠裕　黎丽菊　邓国仙　张　棵

习近平总书记在系统全面阐述实现中国特色社会主义乡村振兴道路时强调，必须重塑城乡关系，走城乡融合发展之路。推进城乡融合发展，走出以城乡融合加快乡村振兴的发展路径，是钦州市高水平全面建成小康社会的必由之路，也是钦州市高质量实施乡村振兴战略的根本出路。

党的十九大作出我国社会主要矛盾转化的重大判断，指出主要矛盾已经转化为人民日益增长的美好生活需要和不平衡不充分的发展之间的矛盾。一直以来，城乡二元藩篱是制约我国乡村发展的最大壁垒。进入新世纪后，我国在推进城乡融合发展上进行了一系列理论创新和实践探索，从“三化同步”到“四化同步”，从“新型城镇化”到“新型城镇化与新农村建设双轮驱动”，从“优化调整产业结构”到“一二三产业融合发展”，从“城乡统筹”到“城乡融合”，推动城乡关系实现了变革性发展。全国各地在推进城乡融合发展方面也探索出了一些模式经验，如四川成都市以城带乡推进城乡一体化、江西赣州市以产业兴旺带动区域城乡协同发展、广西南宁市以现代中心城市为主导探索推进城乡融合等。

钦州市有着广西第二批统筹城乡综合配套改革的试点经验，农业大市和乡村发展的良好基础，沿海开放和枢纽区位的明显优势，具备走城乡融合振兴乡村之路的成熟条件；同时，也有着城乡间发展不平衡突出、乡村发展内生动力不足、城乡二元藩篱亟

作者单位：广西壮族自治区农业科学院。

待打破、乡村治理能力相对薄弱等制约问题。新时代推进乡村振兴，钦州市必须坚持城乡“两极发力”“携手并进”，把全面小康社会、新型城镇化与乡村振兴统一起来，在机遇把握、政策建立、协调发展和产业体系、发展格局上重点发力，建立健全城乡融合的体制机制，构建工农互促、城乡互补、全面融合、共同繁荣的新型城乡关系，建设城乡融合发展示范区，实现以城乡融合引领乡村振兴。

## 一、把握抢抓多重叠加的重大机遇

### （一）准确把握和抢抓落实习近平总书记赋予广西“三大定位”新使命、“五个扎实”新要求的重大发展机遇

自治区党委鹿心社书记强调，坚定不移地将北部湾经济区作为广西开放发展的优先方向，着力建成落实“三大定位”新使命和“五个扎实”新要求的核心示范区。钦州市作为北部湾经济区的重要港口城市，以此为重要遵循和行动指南走城乡融合乡村振兴的特色路径，平台更加宽广、方向更加明确、潜力更加巨大、前景更加广阔。

### （二）准确把握和抢抓坚持“三农”重中之重、农业农村优先发展的重大政策机遇

中央在党的十九大报告和党章中进一步明确必须始终把解决好“三农”问题作为全党工作重中之重，确立了农业农村现代化是实施乡村振兴战略的总目标，农业农村优先发展是实施乡村振兴战略的总方针，作出了“干部配备优先考虑，要素配置优先满足，公共财政投入优先保障，公共服务优先安排”的“四个优先”部署，聚焦乡村振兴形成了一系列配套政策，为钦州市实施乡村振兴战略走出城乡融合的特色路径选择创造了重大政策红利。

### （三）准确把握和抢抓推进城乡融合发展、加快西部陆海新通道建设的重大战略机遇

在构建城乡融合发展的新型城乡关系下，将推动钦州市城乡要素自由流动、平等交换，加速新型工业化、信息化、城镇化、农业现代化同步发展，促进乡村充分发展和城乡共同繁荣。随着西部陆海新通道和广西自由贸易区钦州港片区加快建设，钦州市作为新通道主要出海口和北部湾经济区核心区域的战略地位、区位优势将日益凸显，大开放、大通道、大港口、大产业、大物流的发展新格局必将进一步加快形成，为城乡融合乡村振兴提供强有力的外部支撑。

## 二、探索建立城乡融合的政策制度

### （一）探索建立城乡融合的规划体系

建立多规合一的规划机制，加强乡村振兴规划与经济社会发展规划、土地利用总体规划、城镇规划等基础性规划的统筹协调以及与国土空间规划的衔接，形成城乡融合、县域一体、多规合一的规划体系。推动城乡产业发展、村屯布局建设、土地高效利用、基础设施、公共服务、生态保护等在镇、村的多规合一，实现“整个县域、一张蓝图”。科学编制完善村屯规划，细化乡村规划审批前后需向村民公示、公开、宣传、征求意见、召开村民会议或村民代表大会讨论等的程序和要求，加强乡村建设规划许可管理，全面完成各镇乡村建设规划编制，基本完成行政村实用性村屯规划编制工作。

### （二）探索建立城乡融合的公共财政制度

强化财政政策支持，建立健全实施乡村振兴战略财政投入保障制度，使公共财政更大力度向“三农”倾斜，确保财政投入与乡村振兴目标任务相适应。加大财政涉农资金统筹整合力度，建立市引导、主要在县（区）一级进行涉农资金统筹整合的长效机制。积极向自治区

申请代理发行政府债券用于支持乡村振兴、脱贫攻坚领域的公益性项目。稳步推进项目融资和收益自平衡的专项债券试点工作，支持符合条件、有一定收益的乡村公益性项目建设。制定鼓励引导工商资本参与乡村振兴的政策措施，落实和完善融资贷款、配套设施建设补助、用地等扶持政策。根据上级有关政策调整完善土地出让收入使用范围，进一步提高用于乡村振兴的投入比例。鼓励以长期租赁、先租后让、租让结合方式供应农村新产业新业态项目建设用地，合理提高被征地农民分享土地增值收益的比例。改进耕地占补平衡管理办法，根据国家所建立的高标准农田建设等新增耕地指标和城乡建设用地增减挂钩节余指标跨省域调剂机制，提出钦州市具体实施办法，将所得收益通过预算支出向脱贫攻坚和乡村振兴倾斜。

### （三）探索建立城乡融合的土地制度

深化农村土地制度改革，巩固和完善农村基本经营制度，落实好第二轮土地承包到期后再延长 30 年的政策。在全面完成农村土地承包经营权确权登记颁证工作的基础上，完善农村承包地“三权分置”制度，落实集体所有权，稳定农户承包权，放活土地经营权。建立完善农村产权流转交易市场体系，健全挂牌流转、入市交易、合同鉴证等各项细则办法，推动农村土地进入市级统一的交易平台规范流转。扎实推进房地一体的农村集体建设用地和宅基地使用权确权登记颁证，完善农民闲置宅基地和闲置农房政策，探索宅基地所有权、资格权、使用权“三权分置”，落实宅基地集体所有权，保障宅基地农户资格权和农民房屋财产权，适度放活宅基地和农民房屋使用权。严格实行土地用途管制，不得违规违法买卖宅基地，严格禁止下乡利用农村宅基地建设别墅大院和私人会馆。在符合土地利用总体规划前提下，鼓励县级政府通过村级土地利用规划，调整优化村庄用地布局，有效利用农村零星分散的存量建设用地，预留部分规划建设用地指标用于单独选址的农业设施和休闲旅游设施等建设。对利用收储农村闲置建设用地发展农村新产业新业态的，给予新增建设用地指标奖励。

## （四）探索建立城乡融合的就业制度

建立健全覆盖城乡的公共就业创业服务体系，提供全方位就业创业公共服务。大力开展职业技能培训，对具有劳动能力和一定文化素质的农村劳动力、高校毕业生、退役士兵等返乡下乡创业人员开展就业创业培训，促进在乡村多渠道就业创新。实施乡村就业创业促进行动，鼓励在乡村地区兴办环境友好型和劳动密集型企业，培育一批家庭工场、手工作坊、乡村车间，促进农民就地就近就业。在农村地区全面落实就业政策法规咨询、信息发布、职业指导和职业介绍等公共就业服务制度，组织开展就业服务专项活动。从企业带头人中选拔一批就业创业导师，组成就业创业指导专家服务团队，为新型职业农民、家庭农场主提供就业创业辅导。完善就业创业支持政策，消除城乡劳动者身份差异，实现同工同酬，形成开放透明、统一规范、竞争有序的人力资源市场体系。完善政府、工会、企业共同参与的协商协调机制，构建和谐劳动关系，监督指导用工单位依法与农民工签订劳动合同，提高农村转移人口就业质量。健全完善并严格落实工资支付保障机制，加大对欠薪企业的惩处力度，维护农民工劳动报酬权益。做好劳动用工备案、就业失业登记、社会保险登记等工作，加强对企业用工的动态管理服务。建立创业风险防范机制，鼓励开发相关保险产品，按规定将返乡创业人员纳入就业援助、社会保险和救助体系，使返乡创业有切实保障。加快推进创新创业孵化基地、农民工创业园等平台建设，实施农村致富带头人培育工程。

## （五）探索建立城乡融合的金融制度

深化农村金融改革，健全农村金融体系，加快培育新型农村金融机构。积极推动农村信用联社改革，保持农村信用社县域法人地位和数量总体稳定。完善农业信贷担保体系和农村信用体系，提高“三农”金融服务室行政村覆盖率，全域推进农村信用体系建设。探索设立乡村振兴基金，引导金融机构加大对乡村振兴中长期信贷支持。优化农村金融服务，加强农村金融服务和产品创新，推进农村金融服务网络建设，优化乡镇农村网点功能，将更多金融资源配置到新型农业经营主体发展、农村基础设施建设、特色产业培育等农业农村重点领域和薄弱环节。引导金融机构不断加大乡村振兴资金投入，鼓励小额贷款公司、民间融资机构扩大“三农”领域资金投放。稳步扩大新型农村合作金融覆盖面，鼓励创新信用互助模式。持续推进农业保险扩面、增品、提标，结合地方实际，探索开展地方特色险种、市县险种等，增强保险政策放大效应。

## 三、布局升级全面协调的主体功能

### （一）推进“一圈一区”协调发展

#### 1. 打造钦南—钦北城乡融合功能圈

钦南—钦北城乡融合功能圈主要包括钦南区、钦北区的 22 个镇、291 个行政村，95.63 万乡村人口在这个区域生活。该区域是钦州市的中心区域，是北部湾经济区、中国—东盟自由贸易区的桥头堡和国际陆海贸易新通道重要港口，其政治经济文化发展水平、开放程度、城乡一体化程度较高，乡村振兴基础较好、条件较成熟。“一圈”要立足区位和发挥优势，大力发展通道经济、向海经济和融合经济，推动乡村在开放开发的带动中吸引要素、集聚提升，在融合振兴的过程中实现与城镇基础设施对接、产业链条对接、市场体系对接、服务平台对接，构建起基础设施共建、产业体系共构、公共服务共享、生态环境共治的新型城乡关系，成为钦州市乡村全面振兴的先行区和城乡融合发展的示范区。钦南区要发挥主城区功能、沿海港口优势和滨海风情魅力，以新型城镇化带动乡村现代化，大力发展海洋产业和渔村旅游，推进钦州港经济技术开发区、钦州保税港区和中马钦州产业园的体制、政策、产业整合，着力打造中南西南地区农产品进出口集散中心、区域性国际航运中心、北部湾农产品物流中心和外向型农副产品出口加工基地，以念好“蓝色经”、打好“外向牌”引领乡村振兴。

钦北区北靠南宁市、西连防城港市、东接北海市、南达钦州港，处在北部湾经济区四城市半小时交通经济圈，是北部湾经济区主要城市群的重要枢纽节点，要充分发挥城市群腹地和后花园功能，发掘近海但不沿海的优良气候和生态条件，提升城市功能外溢承载能力和乡村宜居宜业程度，加快开发八寨沟、大龙山、王岗山和钦江等山水资源，大力发展生态农业、休闲农业和中医药产业，着力打造“生态农业＋全域旅游＋大健康产业”的乡村康养示范区，以产业融合、产城融合引领乡村振兴。

**2. 打造灵山—浦北现代特色农业功能区**

灵山—浦北现代特色农业功能区主要包括灵山县、浦北县的 32 个镇、641 个行政村，192.82 万乡村人口在这个区域生活。该区域是钦州市的副中心区域，与钦南—钦北城乡融合功能圈功能互补、形成联动，其农业基础厚实、产业特色明显、乡村生态良好，乡村发展的空间优、动能足、可持续潜力大。“一区”要加快补齐乡村基础设施和公共服务短板，大力引进资金、技术、人才等，形成农业现代要素高度聚集的区域版块，深度参与粤港澳大湾区、中国—东盟自由贸易区和国际陆海贸易新通道的农业合作，建设北部湾城市群、粤港澳大湾区的优质“菜篮子”“果园子”“奶瓶子”，打造北部湾城市群的现代特色农业功能中心。灵山县要转化农业大县的优势为发展振兴的基石，用产业转型升级引领乡村转型升级，以现代特色农业为支撑，以城乡融合发展为切入，以乡村创业创新为带动，大力实施特色农业强优工程，加快建设优质农副产品加工基地、出口农产品生产基地、乡村休闲旅游基地，在加强城乡经济圈互动发展和生活圈联动推进中加快农业农村现代化，实现产业兴、乡村旺、生活美的乡村振兴。浦北县要以第三批国家新型城镇化综合试点建设为契机，发挥长寿之乡的品牌效应，将绿色农产品、生态资源、长寿生活结合起来做文章，推进以产业融合为核心的农业现代化和以特色小镇为龙头的就地城镇化，加强农村人居环境整治和城乡公共服务均等化，打造大农业与大康养以及特色小镇有机结合的北部湾长寿生活目的地，做大与长三角、珠三角等发达地区的“双向飞地”经济，实现产业兴、生态美、百姓富的乡村振兴。

### （二）推进“三阶齐进、山海通道共兴”

释放海的潜力，做足山的特色，发挥通道的优势，打造梯度有序的产业优势带，推进一海一山一通道“三阶齐进”，实现向海而兴、向山而强、向通道而旺。以钦州湾等沿海地区为第一阶梯打造向海经济产业优势带，深耕精耕“海上牧场”，规划建设海洋公园、渔港休闲专区、渔港经济区，优化升级蚝虾蟹、名贵鱼、海鸭蛋等海洋渔业产业，大力发展渔业生态养殖、集约化工厂化养殖、深远海养殖和特色休闲渔业，做强向海经济高效产业；以十万大山、六万大山等腹地地区为第二阶梯打造临山经济产业优势带，激活山陵丘地资源，巩固提升粮食、糖料蔗、蔬菜、畜禽等大宗农产品产业，加快发展特色水果、茶业、中草药、水产品、林下种养等特色产业，创新打造休闲旅游、健康养生、生态长寿等新兴产业，培育产业经济新增长点；以南北高速公路（南钦高速铁路）、六钦高速、柳北高速、钦陆一级路等通道走廊为第三阶梯打造通道经济产业优势带，大力建设一批瞄准主城大市的优质安全农产品生产基地，扶持创建一批外向型的特色优势农产品出口基地，形成不同类型、不同特色、紧密联系的特色农产品区域生产体系；依托钦州港经济技术开发区、钦州保税港区和中马钦州产业园突出发展外向型农副产品集散加工和商贸流通，推动钦州从经济通道迈向通道经济。

## 四、建立健全三产融合的产业体系

### （一）培育壮大融合业态

**一是大力发展休闲农旅经济。**用好用活山、海、通道特色农业产业资源和乡村旅游资源，深化“美丽钦州”乡村建设成果，拓展农业的休闲、体验、康养等功能，大力发展休闲度假、旅游观光、养生养老、创意农业、农耕体验和农业主题公园等休闲农旅经济，建设农业文化旅游“三位一体”、生产生活生态“三生同步”、一产二产三产“三产融合”的宜居宜业宜游乡村。重点打造三条乡村旅游示范带，国际陆海贸易新通道沿线乡村旅游示范带突出驿站功能，重点打造山水田林路景观升级的美丽乡村休闲游；北部湾滨海乡村旅游示范带突出疍家文化、“候鸟”栖息，重点打造亚热带风情浓郁的港湾乡村度假游；腹地乡村旅游示范带突出人文生态，重点打造现代特色农业、非物质文化遗产、森林康养等串点成线的田园乡村生态游。

**二是大力发展通道产业经济。**围绕人流栖息、物流集散、产品输出等进行产业集群打造，建设一批瞄准主城大市的优质安全农产品生产基地，扶持创建一批外向型的特色优势农产品出口基地，打造稳定的“南果北运”“南菜北运”产销链条和北部湾地区最大的水产品交易市场，依托钦州港经济技术开发区、钦州保税港区和中马钦州产业园突出发展外向型农副产品加工和规划建设集低温仓储、冷链物流、交易展示、中转集散、分拨配送等功能为一体进出口农产品集散中心。

**三是大力发展农产品加工业。**实施农产品加工业提升行动，推进农产品产地加工和园区精深加工，重点发展粮油、果蔬、海产品、肉制品、林木等农副产品加工产业、生物饲料产业和海洋生物制品业，壮大钦州瓜皮、灵山大粽、小董麻通、张黄月饼等加工老字号，推动农产品加工由单一、粗放型加工布局向多种业态共存打造产业链、产业集群转变。大力扶持本地加工龙头企业和引进国内农产品加工领军企业，促进本地优势农产品与行业内优势企业强强合作，加快培育家庭工场、手工作坊和乡村车间等产地加工新载体，提高农产品加工率和附加值。

**四是大力发展“互联网+”等新业态。**通过大数据、物联网等先进理念、技术，打破农业与二三产业的边界，促进资源要素向农业渗透融合，形成多业态融合发展新模式。推进全国电子商务进农村综合示范县项目建设，加快建设灵山三科电商创业园、浦北电子商务产业园等一批电商平台，大力发展“电商＋农产品”“电商＋民宿”“电商＋休闲康养”“电商＋体验农业”“电商＋定制农业”等产业融合新业态。

## （二）大力发展融合主体

**一是重点壮大农业龙头企业。**农业产业化龙头企业是实现产业融合的主要力量。大力实施农业产业化龙头企业成长计划，做大一批主导产业支柱龙头企业，力争年销售收入达10亿元并进入国内同行业前列，成为引领产业融合的核心力量；做强一批优势农产品骨干龙头企业，力争年销售收入超5亿元并处于广西同行业前列，成为促进产业融合的骨干力量；做优一批辐射带动能力强的区域性龙头企业，力争年销售收入超1亿元，构筑县域产业融合的支撑力量。

**二是加快发展农民合作社。**农民合作社是促进产业融合的有生力量。结合粮、菜、果、茶、药、渔、畜禽和休闲农业、乡村旅游等产业发展，加快发展特色产业专业合作社；围绕农产品加工、运输、销售等领域，大力发展集产前、产中、产后于一体的综合型合作社；支持发展三次产业深度融合、区域性跨产业联动、跨区域同产业联盟的合作社联合社。

**三是多元化培育农业社会化服务主体。**紧扣农机、农技、病虫害统防统治、劳务输出、市场营销等环节，扶持发展农业社会化服务组织，健全政府购买农业公益性服务机制，探索推广全生产过程、全产业链条、全要素供给的综合性全程化服务。借助农业社会化服务组织的纽带连线，有机联动新型职业农民和小农户成为产业融合中的一环，全面提升小农现代化水平。

## （三）健全完善融合形式

**一是建立全产业链模式。**推动粮经饲统筹、农林牧渔结合、种养加一体，在山、海、通道“三阶并进”和陆海统筹发展中推进农村一二三产业融合发展。支持龙头企业开展“生产基地＋中央厨房＋餐饮门店”“生产基地＋产地加工＋商超销售”等模式，打造“从田园到社区”“从田间到餐桌”的全链条业态，促进产业融合升级、提质增效。开展以农业全产业链开发创新为重点的钦州市一二三产业融合发展试点建设，力争到2022年每个县区各打造1～2条年销售收入达10亿元以上的农业全产业链。

**二是实施现代特色农业示范区领跑行动。**把现代特色农业示范区作为引领产业融合的主要载体，深入实施现代特色农业示范区建设增点扩面提质升级三年行动计划，以产业升级、技术升级、改革升级、基础升级推动产业链融合、产城融合在示范区建设中全面体现，实现从农业现代化向农业农村现代化提质升级，加快九佰垌示范区创建国家农业公园、五皇山石祖林中茶示范区等示范区升级打造田园综合体。

**三是健全紧密联结机制。**推动新型农业经营主体与镇、村采取多种形式有效对接，通过“新型经营主体＋产业基地＋小农户”“新型经营主体＋电商＋小农户”“新型经营主体＋中央厨房＋小农户”“新型经营主体＋订单＋小农户”等形式，按照市场需求组织带动小农户进入产业融合链条，提高农村产业融合程度。鼓励龙头企业、合作社进入城镇社区设立直销店、连锁店，推动城镇大型超市与农产品基地建立紧密的产销合作。大力发展股份合作，引导农户自愿以土地经营权等入股龙头企业和农民合作社，让农户参与农村产业融合发展、分享加工销售环节增值收益。

## 五、加快构建两级互动的发展格局

### （一）构建融合互促的城乡发展共同体

**一是建立高效的城乡融合动力机制。**继续坚持工业反哺农业、城市支持农村的方针，进一步加大对农业农村的投入力度，促进公共资源向农村配置，基础设施和公共服务向农村延伸，社会保障和民生建设向农村覆盖。以体制机制共创、发展格局共谋、基础设施共建、规范市场共筑、产业体系共构、公共服务共享、生态环境共治为重点，推进都市经济圈层与乡村振兴圈层融合互动，促进现代化城镇与田园化乡村功能互补。发挥通道经济、港口经济、向海经济、旅游经济带动农业农村发展的作用，推动城乡要素合理配置和生产力优化布局，实现山、海、通道“三阶并进”和陆海统筹发展。

**二是创新高质量的城乡融合空间形态。**提升钦州市中心城区和灵山、浦北县城的创新发展水平，强化县域经济对乡村振兴的扩散效应，增强城镇经济圈对乡村人口经济的向心联动和集聚辐射，加强以集镇为中心和以美丽乡村为载体的农民宜居生活圈建设，重点打造一批城乡融合典型村屯和美丽乡村典型村屯。统筹推进“两区两县”乡村融合振兴，加快“钦南—钦北城乡融合功能圈”和“灵山—浦北现代特色农业功能区”两大组团协同联动发展，形成协调有序、功能清晰、联动发展、特色鲜明的全域乡村振兴空间格局。发挥特色小镇、各类园区连接城市和乡村、对接工业和农业的功能，突出对城市要素下乡、产业外溢和功能疏解的承载，加快建设沙埠坭兴陶小镇、犀牛脚渔港小镇、龙门红椎菌小镇、张黄月饼小镇等一批特色小镇，推动九佰垌、佳荔等有条件的农业园区实现产城融合的就地城镇化，使特色小镇、园区乡村成为城乡融合发展的新节点。

**三是构建可持续的乡村空间发展模式。**强化城乡融合空间用途管制，科学划定生态、农业、城镇等空间和生态保护红线、永久基本农田、城镇开发边界，推动主体功能区战略在镇、村层面精准落地，推进乡村多功能性建设和专业化发展。推动人口分布、产业布局等与资源环境承载能力相适应，在严格保护好生态安全和农产品供给安全的前提下，集约高效有序布局乡村建设。沿海地区、城镇郊区、集体经济实力强以及其他具备较好条件的乡村，要充分发挥区位优势和经济基础，深化改革创新、开放带动和城乡融合发展。

### （二）构建全面同步的乡村小康新态势

**一是探索从脱贫走向振兴的融合发展路径。**聚焦脱贫攻坚是统筹城乡发展、推动城乡融合，确保乡村振兴路上一个村、一户人都不落下的首要任务。聚焦产业脱贫、就业扶贫、危房改造、教育扶贫、健康扶贫、生态扶贫“六大扶贫”行动，推动城镇教育、医疗、卫生等资源辐射惠及贫困村屯，鼓励金融、工商资本、企事业单位等社会力量进入扶贫领域，整合城乡资源促进贫困村贫困户实现高质量脱贫和可持续脱贫。在市级层面加强脱贫攻坚和乡村振兴的政策统筹，在县区层面加大脱贫攻坚和乡村振兴的资金整合，落实贫困地区脱贫后继续帮扶跟踪政策和乡村振兴政策的有机衔接，确保贫困地区形成稳定脱贫、长期发展的持续能力，实现与全市一道实现乡村振兴。

**二是大力发展城乡联动的村级集体经济。**农民单家独户进入城乡融合的能力不足，要通过大力发展集体经济，组织带领农民共同促进城乡融合发展。进一步明确村级集体产权归属、维护村级集体经济组织成员权利，大力推进集体经营性资产改革，鼓励城市工商资本到农村开展股份经营、合作开发等，探索村级集体经济新的实现形式和运行机制，推进集体经济多样化发展。支持县域范围内村级集体经济的大融合、大合作，探索开展跨镇域的产业融合、跨村跨组的产权互换，推进城乡联合创建村级合作园区、合作农场试点。

**三是提升城乡基本公共服务均等化和基础设施互联互通水平。**优先发展农村教育事业，推动城市优良教育资源配置向农村倾斜。统筹推进医疗、医保、医药“三医联动”改革，以县域紧密型医共体建设为方向，发展多种形式医联体建设，多渠道、多层次引导优质医疗卫生资源下沉乡村。持续完善城乡社会保障体系，加大城乡低保统筹力度，健全农村基本医疗、农村养老、农村安全住房、农村“三留守”和残疾人关爱等保障体系。统筹推进城乡交通运输一体化，逐步完善乡村基础设施、公共服务设施，全面改善农村人居环境，补齐农村民生短板。

### （三）构建城乡联动的乡村善治新局面

**一是健全完善多层次善治体系。**推动城镇治理体系向乡村延伸覆盖，将乡村治理纳入城乡现代治理体系范畴，健全完善国家、城乡、公众、村民和司法、道德自上而下有机融合的多层次乡村治理体系。把乡村治理各项活动全面纳入法制轨道，推动政府与社会、城市与乡村、法治德治与自治各归其位、各担其责，共同构成系统科学的协同治理，为城乡融合发展提供强有力的乡村治理保障。

**二是探索多维度善治机制。**加强市县两级党组织对农村基层党组织的指导、管理和联动解决群众问题，推广巩固"两站一中心"（党建和廉洁工作站、村级党群综合服务中心）载体，建立完善"两下两上""市—县—镇—站（村）"层级联动解决问题和常态化随机检查机制。完善乡村基层民主决策，促进乡镇监督管理与村民自治的有机衔接和良性互动。充分发挥企业家、大学毕业生、离退休干部返乡以及领导干部、科技专家下乡等新乡贤群体的力量，鼓励新乡贤直接参与乡村发展决策，为乡村带去发展新理念新视野。

**三是营造多元化善治局面。**以社会主义核心价值观引领建立新时代村民道德规范和村规民约，构建与城镇文明新风相统一的乡村文明风尚，在多元价值观念中弘扬中华传统美德和积极进取奋斗精神。加强家庭、家教、家风建设，推行诚信文化，以村民自评自选等方式树立乡村榜样模范，以见贤思齐的乡风文明凝聚新时代乡村发展的思想共识，使加快城乡融合发展推进乡村振兴成为全体村民的共同行动。

# 桂林市推进乡村振兴的调研报告

于平福　宁　夏　黄艳芳

近年来，桂林市全面吹响新时代乡村振兴号角，结合自身农业大市、生态大市、旅游大市的基础，主打美丽乡村、现代农业、特色旅游“三张牌”，切实推进乡村建设的抓重点、补短板、强弱项，走出宜居、宜业、宜游的特色乡村振兴之路。

## 一、桂林市推进乡村振兴的探索实践

### （一）贯彻“建设壮美广西”的题词精神，大力建设新型城镇化带动的宜居乡村

习近平总书记为广西壮族自治区成立60周年题词“建设壮美广西　共圆复兴梦想”。桂林市贯彻落实“建设壮美广西”的题词精神，以美丽乡村建设统领乡村全面发展，以美丽乡村建设对接新型城镇化向乡村拓展延伸，推进城乡人居环境、基础设施、公共服务和社会治理均等化，大力建设新型城镇化带动的宜居乡村。

#### 1. 大力实施新型城镇化示范乡镇建设“书记工程”

桂林市2013年开始实施新型城镇化示范乡镇建设“书记工程”，每个县每年示范打造1个乡镇，主要从教育文化、医疗卫生、人居环境等环节着手，加大投入力度，重点推进道路、农贸市场、污水垃圾处理设施、供水供电设施等公共服务设施建设、改造和提升，进一步

作者单位：广西壮族自治区农业科学院农业科技信息研究所。

完善城镇功能，吸引更多周边农村人口向城镇化聚集，让广大农村群众就近、就地共享城镇化发展成果，探索一条以城带乡、城乡互动、凸显文化、生态绿色的新型城镇化带动乡村振兴道路。截至 2019 年 12 月，全市共实施 5 批新型城镇化示范乡镇建设，累计投资超过 2 500亿元、推进重大项目 1 800 多项；其中，前四批总计 60 个乡镇基本建成基础设施完善、产业发展健康、自然环境优美、文化特色鲜明、带动能力强劲的示范乡镇，成为一个个富有活力的辐射带动乡村振兴的重要节点。

**2. 持续开展“美丽桂林”乡村建设活动**

近年来，桂林市大力开展了“美丽桂林”乡村建设活动，在清洁乡村、生态乡村、宜居乡村、幸福乡村四个阶段的持续建设中，不断提升全市美丽乡村建设水平。如在“美丽桂林・宜居乡村”阶段活动中，大力推进产业富民、服务惠民、基础便民三个专项活动建设。截至 2018 年上半年，全市 70%的行政村培育了带动农户增收的新型农业经营主体，86%的行政村成功创建了现代特色农业示范区，就业和社保办理实现了自治区、市、县、乡、村五级联网，建成村级综合服务中心 1 633 个、村卫生室 1 638 个、体育健身场所 1 488 处、农家书屋 1 718 家。在“美丽桂林・幸福乡村”阶段活动中，大力推进环境秀美、生活甜美、乡村和美三个专项活动建设。截至 2019 年 8 月，全市建成行政村（社区）新时代讲习所 1 849 个，农家书屋、广播、电视综合人口覆盖率达 100%，以“微花园、微菜园、微果园”为建设模式重点打造 50 个与桂林山水融为一体的有文化气息的最美农家庭院。

**3. 深入推进农村人居环境整治和乡村风貌提升行动**

大力推进城乡垃圾污水处理和农村改厨改厕改圈，全面落实河（湖）长制，强力推进截污治乱，加快建设 118 个乡土特色示范村（带）、88 个宜居乡村示范村，2018 年全市完成农村改厨改厕 14.7 万户、改圈 7 895 户，建成农村饮水安全巩固提升工程 272 处，建制村通畅率达 99.8%，乡镇和建制村通公交率分别达 71.6%和 40.8%，村级公共服务中心覆盖率达 80.8%。特别是在乡村宜居发展模式创新和农村人居环境整治技术设施创新上，桂林市进行了一系列持续有效的探索，走在了广西的前列。如恭城瑶族自治县在久久为功的探索实践中走出了从“猪—沼—果”旧“三位一体”到“养殖＋沼气＋种果＋加工＋旅游”新“五位一体”的生态家园模式，被联合国教科文组织誉为“发展中国家农村生态经济发展的典范”，还获得“中国人居环境范例奖”等国家级荣誉称号。恭城瑶族自治县莲花镇门等村和红岩村根据发展程度的实际，建设独具特色的污水处理设施，其中门等村的联户污水处理工程可有效降低运行能耗与费用并且实现农业灌溉的资源化利用，红岩村的分户污水处理工程通过分户就地处理可避免过高的管网建设费。国家领导人汪洋同志亲临恭城出席第二次全国改善农村人居环境工作会议时表示，“走出了后发展欠发达地区农村人居环境整治的特色路子”。

### （二）贯彻“扎实推进现代特色农业建设”的指示要求，大力建设农业现代化支撑的宜业乡村

习近平总书记视察广西时提出“五个扎实”新要求，指出广西要扎实推进现代特色农业建设。桂林市贯彻落实“扎实推进现代特色农业建设”的指示要求，发挥农业大市的产业基础，以推进农业供给侧结构性改革为主线，推进产业兴旺乡村振兴，大力建设农业现代化支撑的宜业乡村。

#### 1. 加强主导产业支撑

按照每个县（市、区）都有 1～2 个主导产品和“一乡一品”“一村一品”的产业发展格局，优化农业产业结构，在全市形成了砂糖橘主产区、葡萄主产区、月柿主产区、四季蔬菜基地、山区反季节蔬菜基地、罗汉果主产区、花卉苗木主产区、优质家禽优势生产区、竹狸特色养殖区等一批农业产业优势生产区域，也打造出了兴安县溶江镇“葡萄大镇”、荔浦县修仁镇“中国砂糖橘名镇”等一批特色农业镇。如兴安县选准葡萄种植作为主导产业，对葡萄种植规模连片 50 亩以

上的给予政府扶持补贴 1 000 元/亩，对贫困户发展葡萄种植的由政府免费提供葡萄园水泥桩，大力推广葡萄一年两熟、促成栽培、错峰栽培、病虫害生态防治等技术，引进种植美人指、夏黑、阳光玫瑰等 30 多个不同品种，形成了早熟、中熟、晚熟错峰上市的产销局面，葡萄产量位居广西各县市区之首，葡萄产业成为当地农民增收致富的主要来源。在主导产业的有力支撑下，2018 年全市农林牧渔业总产值 626.36 亿元、第一产业增加值 393.51 亿元、农村居民人均可支配收入 14 626 元，均排在全区 14 个设区市的第 2 位；其中，农业产值 426.31 亿元排在全区 14 个设区市的首位，粮食、蔬菜、水果、油料、肉类、禽蛋的产量占广西总产量的比重均达到 10%以上，特别是水果产量的比重更是高达 31.48%（表 1）。

**表 1　2018 年桂林市部分农业主导产业发展情况**

| 农业主导产业 | 桂林市产量（万吨） | 占广西总产量的比重（%） |
|---|---|---|
| 粮食 | 175.98 | 12.82 |
| 蔬菜 | 500.37 | 14.58 |
| 水果（园林水果） | 563.52 | 31.48 |
| 油料 | 7.38 | 11.07 |
| 肉类 | 55.61 | 13.03 |
| 禽蛋 | 5.25 | 23.53 |

资料来源：《广西统计年鉴·2019》。

**2. 加快产业融合发展**

一方面，依托各类创建平台发展产业融合新业态。通过已建成或创建中的现代特色农业示范区、特色小镇、田园综合体等平台载体，拓展产业融合功能，有效促进农村一二三产业融合发展。加快现代特色农业示范区提质升级，截至 2018 年 12 月，桂林市本级共安排财政资金 1 800 万元用于支持现代特色农业示范区建设，启动创建各级示范区 233 个，获认定自治区级 29 个、市级 39 个、县级 43 个、乡级 102 个。积极创建特色小镇，按照产业、生态、文化、旅游、基础设施等要素融合发展、协同推进的“五位一体”方式，开展“一业主导、多业联动”产业培育，2018 年全市投入财政专项资金 2 630 万元，重点打造漓水文化小镇（灵川县大圩镇）、漓江三花小镇（兴安县溶江镇）、罗汉果小镇（永福县）、衣架小镇（荔浦县）、月柿小镇（恭城瑶族自治县莲花镇）。大力打造田园综合体，2018—2020 年投入 1.45 亿元用于农业综合开发，启动第一批 17 个市级田园综合体创建，推进一二三产业在田园综合体融合升级。另一方面，通过发展农产品加工延长农业产业链。如恭城瑶族自治县在改良月柿种植的基础上，引进和成立了运丰园、丰盛园、丰华园、永发水果合作社等一批大型月柿加工企业，支持规模连片月柿基地成立果脯加工合作社，开发出柿饼、甜柿、脆柿、果脯、柿果酒、柿子醋等月柿加工产品，不断延长月柿产业链，提升月柿产业附加值。

**3. 加大品牌打造力度**

以优势特色农业为基础，以绿色农产品、有机食品、农产品地理标志、富硒农产品认证为导向，以新型经营组织为主体，加大农产品品牌建设力度，打造了一批知名农产品区域公用品牌。桂林荔浦芋、阳朔金橘、永福罗汉果先后入选全国农产品 100 个知名公用品牌，品牌价值位居广西前列；恭城月柿、兴安葡萄、资源红提、灌阳雪梨、阳朔沙田柚、荔浦马蹄、平乐茨菇、龙脊辣椒等一批特色农产品，在全国也具有较高的品牌知名度；桂林力源粮油、漓泉啤酒、三金药业、桂林莱茵生物、吉福思、桂柳家禽等企业通过做大做强企业品牌和产品品牌，打造出了漓泉、三金、力源粮油、花桥食品等一批“广西名牌产品”。

## （三）贯彻“绿水青山就是金山银山”的发展理念，大力建设旅游全域化引领的宜游乡村

习近平总书记指出：“我们既要绿水青山，也要金山银山。宁要绿水青山，不要金山银山，而且绿水青山就是金山银山。”桂林市贯彻落实“绿水青山就是金山银山”的发展理念，注重把山清水秀的生态资源转化为乡村旅游的金山银山，推进“景区旅游”向“全域旅游”发展，大力建设旅游全域化引领的宜游乡村。

**1. 推进乡村旅游资源保护开发**

桂林市乡村旅游资源十分丰富，其自然景观有着多样化的特点，独特的喀斯特地貌带来了山清水秀的乡村美景，自古就以“桂林山水甲天下”闻名于世；其人文资源也较为丰富，以刘三姐为代表的山歌文化、以龙脊梯田为代表的农耕文化、以桂海碑林为代表的山水诗文文化、以灵渠为代表的古迹遗迹文化等，构成了浓厚的乡村文旅底蕴。近年来，桂林市十分注重保护开发旅游资源，特别是传统古村落、名人故居、传统文化、农耕传承等乡村旅游资源。截至 2019 年 6 月，全市列入中国传统村落名录的村有 138 个，占广西总数的 49.29%；列入广西传统村落名录的村有 263 个，占广西总数的 40%；获得中央财政支持的传统村落达 73 个，占广西总数的 53%，争取补助资金 2.44 亿元，为广西 14 个设区市之最。

**2. 推进农业、文化与旅游在乡村融合**

以休闲农业、精品民宿、农耕传承、生态康养为重点内容，以农业休闲功能拓展、民俗文化产品开发、乡愁农耕文明传承为重点方向，大力推进田园综合体、特色小镇、休闲农业与乡村旅游示范点、星级乡村旅游区和农家乐等示范创建，发展食宿接待型、观光采摘型、特色餐饮型、休闲度假型、民俗风情型、长寿养生型等乡村旅游形式，丰富提升乡村旅游形态和业态。注重“寻找文化的力量，挖掘文化的价值”，以印象·刘三姐、桂林千古情等一批文化旅游产品为主打品牌，以桂林国际山水文化旅游节、“壮族三月三”歌圩节等一批文化旅游节会为活动载体，培育一批农文旅融合产业，建设一批文化旅游基地和文化生态村。截至 2018 年底，全市创建全国休闲农业与乡村旅游示范县 6 个、全国特色景观旅游名镇（村）7 个、中国乡村旅游模范村 12 个、全国休闲农业与乡村旅游示范点 3 个、广西特色旅游名镇（村）10 个、广西休闲农业与乡村旅游示范点 15 个，阳朔县阳朔镇矮山门村、秀峰区甲山街道鲁家村和龙胜各族自治县龙脊梯田景区荣获“中国乡村旅游创客示范基地”称号，龙胜各族自治县龙脊镇大寨村、灵川县大圩镇袁家村列入第一批全国乡村旅游重点村。

**3. 推进村集体、村民参与乡村旅游发展**

引导鼓励村集体、村民依托自然风光、人文古迹、特色农业等资源参与乡村旅游开发，实现村集体经济收入增加和农民收入增加，在发展乡村旅游中推进农村脱贫和乡村振兴。如龙胜各族自治县龙脊镇金江村与爱彼迎合作的旅游扶贫试点项目，由爱彼迎出资对村寨内民房进行改造，改造后的房屋用于民宿经营，收益全部归村集体所有，村民按比例分红，创出了全国乡村旅游扶贫新模式的成功案例。龙脊镇大寨村依托农业文化遗产——龙脊梯田，与旅游公司共同打造世界梯田原乡旅游，由旅游公司负责乡村旅游市场运营、村民负责种植水稻和维护梯田景观，此外村民还可发展民宿、农家乐、民族手工艺品展销等乡村旅游产业，2019 年全村接待中外游客 80 万人次、村民获得旅游分红人均 5 000 多元。

## 二、桂林市推进乡村振兴的顶层保障

### （一）成立负责机构，理顺工作职能

党的十九大作出实施乡村振兴战略的重大部署以后，桂林市委、市政府高度重视乡村振兴工作，把实施乡村振兴战略作为新时代“三农”工作的总抓手，切实加强顶层设计，着力强化组织保障。2018 年，成立了桂林市乡村振兴战略工作领导小组，组长由市委书记和市长亲自担任；同时，在整合原桂林市党委农村工作领导小组办公室、新农村建设办公室、“美丽桂林”乡村建设办公室等机构的基础上，组建成立了桂林市乡村振兴领导小组办公室负责协调推进全市乡村振兴有关工作，并指导和要求所辖县（市、区）整合成立相关领导机构，自上而下理顺机构职能，为实施乡村振兴战略各项工作的开展提供坚强有力的组织领导。

### （二）政策协调度高，配套有序实施

桂林市委、市政府出台了一系列与乡村振兴有关的政策文件，初

步构建起了桂林市乡村振兴发展的总体政策框架，明确了发展方向及主要任务。如 2018 年出台了《中共桂林市委员会　桂林市人民政府关于推进乡村振兴战略的实施意见》（市发〔2018〕8 号），对桂林市实施乡村振兴战略提出了总体要求和政策措施，围绕推进产业振兴、人才振兴、文化振兴、生态振兴、组织振兴等方面进行了全面部署。桂林市还充分发挥规划的引领作用，加强规划之间的系统衔接，保持规划的发展方向及宏观目标一致，注重打造城乡融合、区域一体、多规合一的规划体系，确保乡村振兴战略规划稳步、有效实施。桂林市相关部门也围绕“产业兴旺、生态宜居、乡风文明、治理有效、生活富裕”总要求相应制定了一系列配套政策措施，确保乡村产业振兴、人才振兴、文化振兴、生态振兴、组织振兴的各项目标任务落实落地。

### （三）项目持续带动，保障资金来源

桂林市以乡村振兴产业发展基础设施公共服务能力提升三年行动计划为基础，结合新型城镇化示范乡镇建设工作，梳理和实施一批重点项目，通过项目建设助推乡村振兴发展。2018 年，桂林市共实施乡村振兴产业发展基础设施公共服务能力提升三年行动计划项目 1 507个，投入资金 120.77 亿元，其中产业发展项目 500 余个，投入资金 40 多亿元；2019 年，桂林市继续安排为民办实事产业开发项目资金超过 1.58 亿元，用于发展特色种植、低产改造、家禽家畜养殖等乡村产业，持续大力推进乡村产业振兴。

## 三、桂林市推进乡村振兴的形势机遇

### （一）政策洼地进入叠加显现的进程阶段

桂林市作为广西三大中心城市之一，是桂北地区发展的龙头，也是广西梯次推进乡村振兴战略布局中具备条件率先振兴的地区之一。桂林市同时享受多重政策覆盖，是国家西部大开发、少数民族区域自治等政策聚集地，下辖恭城、龙胜两个少数民族自治县；还是国家旅

游综合改革试点城市、国家级信息化和工业化融合试验区、国家电子商务示范城市、国家产业与金融合作试点城市、国家生态修复城市修补试点城市等，特别是近年来获国家批复建设国际旅游胜地、国家健康旅游示范基地、国家可持续发展议程创新示范区，让桂林市政策集聚效应十分突出，获得了一系列量身定制的发展契机。随着“十三五”期间桂林市各项改革发展持续深入推进，各项政策红利逐步释放，多重政策利好叠加显现，为桂林市推进乡村振兴提供了强劲的动力和持续的活力。

### （二）生态红利迎来深度释放的大好时机

桂林市自古享有“山水甲天下”的美誉，以“山清、水秀、洞奇、石美”等著称，是“国际旅游名城”和“生态山水名城”。以漓江风光和喀斯特地貌为代表的秀美山水景观，是集中国自然山水资源精华的国际著名品牌，是全世界范围内发育最典型、类型齐全的喀斯特地貌，被誉为“中国南方喀斯特”皇冠上的一颗明珠。丰富多样的生态资源让桂林市有着极具特点特色的生态优势，特别是近年来持续推进“美丽桂林”乡村建设和农村人居环境整治、乡村风貌提升，使桂林山清水秀乡村美得到进一步巩固和提升，桂林市乡村发展也迎来了生态红利深度释放的大好时机。

### （三）农业大市加快转型升级的关键节点

桂林市是名副其实的农业大市，农业基础扎实，特色产业总量大且在广西的地位突出，农林牧渔业总产值长期处于全区前 2 位，特别是随着现代特色农业建设的扎实推进，以及农业供给侧结构性改革的深入实施，桂林市农业产业优化调整和转型升级取得了阶段性成效。但是，农产品品种品质提升与消费升级要求不相适应，一二三产业融合程度不深，农业比较效益偏低，农产品市场竞争力不足等问题仍有待进一步解决。乡村振兴战略的实施给桂林市农业现代化建设提出了更高要求，一二三产业趋向融合发展也给桂林市农业高质量发展带来了更大空间，现阶段桂林市进入了从传统的农业大市向现代特色农业强市迈进的关键节点。

## 四、桂林市推进乡村振兴的提升路径

桂林市推进乡村宜居宜业宜游的路子，充分结合了自身基础优势，展现了自身特点特色。要以习近平新时代中国特色社会主义思想为指导，以新发展理念为指引，继续坚持宜居宜业宜游的方向加以提升，结合国际旅游胜地、国家健康旅游示范基地、国家可持续发展议程创新示范区创建，积极构建全域生态、全域康养、全域宜居，推动现代特色农业产业高质量发展，走出农业强、生态优、乡村美的壮美乡村振兴路径。

### （一）构建全域生态，走出可持续发展的乡村振兴之路

桂林市乡村振兴的最大潜力在生态。要在保护生态环境、发展生态经济、释放生态红利中加快构建全域生态大格局，着力推进乡村发展与生态协调适度，走出可持续发展的乡村振兴之路。

**一是严格落实生态保护。**加大乡村生态保护和修复力度，针对桂林喀斯特地区生态环境脆弱、景观资源保育任务繁重等问题，实施重要生态系统保护和修复工程，以保护优先、自然恢复为主让生态得到休养生息。重点优化水资源配置，加强自然景观保护和修复，提升漓江流域生态保育水平。全面加强乡村原生植被和野生动物保护，努力保持乡村原始风貌，使乡村森林、湿地、水系、河湖、耕地形成稳定完整的生态网络，构建“山水林田湖草”生命共同体，实现人与自然和谐共生。

**二是积极拓展生态产业。**把培育壮大生态产业放在突出位置，注重把生态资源优势转化为乡村发展优势，增强乡村生态产品供给能力。紧紧围绕产业生态化、生态产业化下功夫，把“生态＋”融入到产业发展各个方面，宜农则农、宜林则林、宜商则商、宜游则游，市

场化开发生态资源，合理布局主导产业，深度联合关联产业，形成以生态为核心的有机产销链条。重点实施生态农业农村游重点线路打造、高效生态农业生产基地建设与示范、特色农产品深度开发与产业化示范、农产品质量安全保障等工程，构建与环境功能相适应的高效生态乡村产业体系和农业生产体系，实现农业质量效益明显提升、农产品优质安全、生态资源利用高效、农村生产生活生态有机融合，全面提升乡村产业可持续发展水平。

**三是持续完善生态制度。**建立健全生态保护补偿机制，落实以绿色生态为导向的政策支持体系，科学界定保护者与受益者权利义务，推进生态保护补偿标准体系和沟通协调平台建设，加快形成受益者付费、保护者得到合理补偿的运行机制。发挥政府对生态环境保护的主导作用，加强制度建设，完善法规政策，创新体制机制，拓宽补偿渠道，通过经济、法律等手段，加大政府购买服务力度，引导社会公众积极参与。加快实现森林、湿地、荒漠、水流、耕地等重点领域和禁止开发区域、重点生态功能区等重要区域生态保护补偿全覆盖，促进补偿水平与经济社会发展状况相适应，探索推进跨地区、跨流域补偿试点示范和多元化补偿机制，构建形成符合桂林实际的生态保护补偿制度体系。

**四是大力推进生态文明。**全面提升农村群众的生态文明意识，在乡村振兴中引导全民参与乡村生态文明建设。积极开展环境保护宣传教育主题活动，凝聚保护生态环境共识，大力普及绿水青山就是金山银山新理念和生态文明知识、法律法规，引导农村群众保护生态环境，实现生产、生活和消费方式向简约适度、绿色低碳、文明健康的方向转变，巩固山清水秀的乡村生态优势。营造全民接受环境教育、推动生态文明建设的良好氛围，切实提升乡村本土人士和外来游客的生态素养，形成共同参与打造的乡村生态文明。

### （二）构建全域康养，走出特色融合的乡村振兴之路

桂林市乡村振兴的最大优势在旅游。要用好国际旅游胜地、国家

健康旅游示范基地创建的重大政策利好和发展契机，全面升级全域旅游的业态形态，大力发展依托乡村、结合旅游、融入生态的“乡村+生态+旅游”深度融合的康养经济，加快构建全域康养大格局，走出特色融合的乡村振兴之路。

**一是提升康养旅游品牌形象。**深入挖掘桂林市得天独厚的康养旅游资源优势，高规格举办中国（桂林）国际健康旅游高端论坛，把桂林市打造成为集“医、康、养、健、智、学”六位一体的康养胜地，塑造“漓水青山·养生桂林”品牌形象。选择生态环境优、产业基础好的旅游县区，重点在“中国长寿之乡”永福、阳朔、恭城等县，大力开展试点示范建设，建成一批健康旅游示范区和示范点，形成桂林市健康旅游中心示范带和辐射集聚区。推进所辖各县（市、区）加快创建一批健康养生小镇，推进龙胜各族自治县龙脊镇、秀峰区鲁家村等已建成的“广西养生养老小镇”持续打造提升，对新型城镇化示范乡镇进行康养升级，以特色小镇构成全域康养重要节点。推动健康旅游品质化发展，优化健康旅游服务环境和设施，提升便捷化、智能化水平。

**二是拓展康养旅游产品内容。**依托桂林生态、医疗、文化等资源打造休闲度假、康复疗养、健康文化等康养旅游产品，推动丰富的旅游资源与独特的养生长寿资源紧密结合，完善“旅游+休闲+健康”服务内涵，拓展“旅游+生态养生”“旅游+文化养心”“旅游+乡村旅居”等特色模式，创新发展“候鸟式”旅游养老产业。推动健康医疗机构、旅游机构、村集体经济深度融合，鼓励有条件的生态乡村和度假村、景区等建设康养中心、健康管理中心、国际化医养结合体验中心，构建旅游体验、健康医疗、健康管理和服务保障等康养旅游全产业链发展格局。

**三是发展生态健康长寿食品。**加快广西绿色生态食品产业基地建设，打造全国重要的健康食品生产基地。推进绿色食品、有机农产品、农产品地理标志和富硒农产品发展，实施严格的健康食品标准。创新长寿食品、富硒食品、黑色食品、特色药食材等发展，推进罗汉果、百香果、砂糖橘、芋头、白果、食用菌、茶叶、中药材、桂花等桂林特色农产品往生态健康长寿方向打造升级，培育健康饮品、健康食品、营养膳食、保健酒类等系列产品，全力塑造健康养生食品桂林品牌。

## （三）构建全域宜居，走出美丽和谐的乡村振兴之路

桂林市乡村振兴的最大特色在宜居。要用好特色民俗、优美山水、良好生态共同构筑形成的乡村宜居环境，深化美丽乡村建设，加快构建全域宜居大格局，在“治”上下功夫、在“用”上出效益、在“美”上见成效，走出美丽和谐的乡村振兴之路。

**一是大力解决农村垃圾治理难题。**要构建符合农村特色的垃圾处理体系。农村垃圾治理应以保洁为基础，突出垃圾无害化、减量化、资源化导向；应大力发展农业科技创新，让农村无害易腐垃圾进入农业大循环，真正变废为宝。要形成合理的成本分担机制。探索创新政府购买服务、第三方治理、特许经营等治理形式；研究农村垃圾管理运维经费分摊比例，适当开展农户垃圾处理收费，控制垃圾增量，对困难家庭可以采取减免或补助措施。要贯彻共建共享理念。农村人居环境的直接受益者是农村群众，营造良好生活环境农村居民也应人人有责，教育引导群众掌握垃圾循环利用的方法，养成良好的生活习惯。

**二是持续深化“厕所革命”和污水治理。**对农村户用厕所无害化改造应注重采用适合本地实际的改厕模式，推广使用安装简单，方便群众改造、建设的卫生厕所。公共厕所的建设改造应按照数量充足、分布合理、功能齐全、设施完善、管理有效的要求建设，有效解决群众“如厕难、难如厕”问题。加大农村厕所粪污治理力度，推进厕所粪污和畜禽废弃物一并处理及资源化利用。统筹推进镇级污水处理设施建设，合理安排村级生活污水处理项目建设。积极推广恭城瑶族自治县污水处理示范经验，通过沼气池和适宜农村的污水处理设施，提高农村生活污水处理率，解决农村污水横流、直排等突出问题。

**三是不断提升乡土文化保护传承水平。**桂林是中国历史文化名城，又是多民族地区，乡村具有多样的景观文化和建筑文化。在乡村风貌提升上，积极发挥群众自主性、创造性，充分挖掘当地乡土文化，在乡村景观建设中保留乡土文化，使代表本地乡土文化符号的元素回归乡村。尊重乡村自然肌理，尊重乡村风土民俗，突出乡土、乡情、乡愁，打造望得见山、看得见水、记得住乡愁的新型乡村。加大对历史文化名镇名村、传统村落的保护和发展力度，以整体性保护为根本，最大程度保留原有村落结构与空间环境，避免因过度建设和开发带来的破坏。

**四是加快构建乡村治理长效机制。**加快基层党组织规范化提升，推进乡村自治、法治、德治建设，推动新乡贤发挥作用，形成多元善治结合的乡村治理现代化格局。完善组织机制和考评机制，健全投入机制和管护机制，采取"项目投一点、乡镇补一点、村里出一点、群众担一点"的农村人居环境整治和乡村风貌提升多元化投入保障机制。发挥农村讲习所作用，结合移风易俗活动，进一步完善村规民约，强化村民讲文明树新风的自觉意识。充分调动农民群众主人翁意识和主观能动性，形成"人人参与、齐抓共管、合力治理"的良好氛围，实现"人居环境舒适化、村容户貌整洁化、综合治理常态化"的建设目标。

### （四）推动产业高质量发展，走出农业大市的乡村振兴之路

桂林市乡村振兴的最大基础在农业。要推动农业由传统经营转到融合发展上来，促进农业数量、质量、效益并重，实现产出高效、产品安全、三产融合、资源节约、环境友好的现代特色农业高质量发展，走出农业大市的乡村振兴之路。

**一是提升农业综合生产能力。**突出抓好农业基础设施建设，大力发展农田水利设施和节水灌溉，加强大中型灌区续建配套与节水改造，加强中低产田改造，加快实施沃土工程、旱作节水农业示范工程，加快建成高产优质良田，稳定农业综合生产能力。以具备区域优势、比较优势的特色产业为主导，建设一批要素集中、产业集聚、技

术集成、经营集约的现代特色农业高质量发展园区，发挥示范辐射效应，加速形成特色鲜明、布局合理、结构优化、稳产高产的现代特色农业产业高质量发展新格局。

**二是坚持质量兴农绿色兴农。**大力发展口感更好、品质更优、营养更均衡、特色更鲜明的绿色优质特色农产品，推动农产品供给数量和质量同步提升，有效满足个性化、多样化、高品质消费需求。加大绿色、有机、地理标志的认证登记和健康长寿农产品的培育打造，突出品质、文化、地域特色提升特色农业产业发展内涵。依托特色农产品优势主产区建设，打造一批种养标准化生产示范园（区）、示范场（企业、合作社）、示范镇（乡）。推进全程标准化生产，制定覆盖农产品选种、种植、收购、加工、储运、流通、销售全过程的先进标准体系，实行强制标识制度，全面提升农产品质量安全水平。

**三是打造桂林特色农业品牌。**桂林特色农业产业基础优势明显，应积极围绕"一县一特、一乡一业、一村一品"，培育一批特色较显、规模较大、融合较密、品牌较响、竞争较强的农产品区域公用品牌、企业品牌、农产品品牌。要立足资源禀赋、生态优势和产业基础，加大标准化的基础保障作用，突出区域农产品的差异化优势，以特色塑造品牌的独特性，以标准确保品牌的稳定性。要创新品牌营销方式，结合康养旅游延伸品牌内涵、讲好品牌故事、加强品牌推介，推动品牌农业发展壮大，成为乡村振兴的重要支撑。

**四是促进一二三产业融合发展。**一方面，要提升农产品加工水平。引导农民合作社、家庭农场、种养大户开展农产品产后分级、保鲜储藏、烘干打蜡、包装等产地初加工，实现加工转化增值。支持农业龙头企业发展精深加工，扩大加工规模，拉长农业产业链，提升市场竞争力。围绕特色农业和优势产业链，以现代特色农业示范区为依托，合理规划布局农产品加工园区，建设一批集群化农业加工基地，重点加强以各类水果、蔬菜、禽畜、茶产品加工等为主的农产品加工体系建设，提升产品附加值。另一方面，要加快培育农村新产业新业态。大力发展农文旅结合的乡村旅游，重点发展民宿、农村康养、休闲农业、农耕传承等产业业态，推动农村农民深度融入全域康养、全域旅游的产业链。加强农村流通现代化建设，大力发展数字流通、绿色流通，加快发展农产品冷链物流、烘干仓储等服务体系。加强农商互联，发展农超、农社、农企、农校等产销对接的新型流通业态。推进农村电商全覆盖，加强农村电商示范镇、示范村创建，积极探索农村创客基地、共享农业等个性化定制服务新业态。鼓励农业龙头企业与农民合作社、村集体经济、农户形成产权联合、产销合作等紧密型利益联结机制关系，构建起保障农村农民利益的一二三产业融合发展经营体系。

# 来宾市兴宾区以特色农业强优推进乡村振兴的调研报告

许忠裕　黎丽菊

产业兴旺是实施乡村振兴战略的重要内容，也是振兴乡村的重要基础。来宾市兴宾区是农业大县区，第一产业增加值比重远大于广西平均水平，特色农产品资源丰富，数个产业规模总量成为广西县域农业的排头兵或进入县域农业的第一方阵，现代特色农业发展成效显著，但仍然存在着农业大而不强、特而不优的瓶颈问题。如何将兴宾区农业的特色发挥出来，变特为优、变大为强，走出彰显兴宾特色、突出发展质量、支撑乡村振兴的特色农业强优之路，是兴宾区实施乡村振兴战略、推进乡村产业兴旺的重点所在。

## 一、兴宾区推进特色农业强优的现实意义

### （一）是走出乡村振兴特色路径的必然要求

在经济社会持续快速发展的大趋势下，随着我国社会主要矛盾的变化，农业主要矛盾也相应由总量不足转变为结构性矛盾，个性化、多样性消费成为主流，消费者对农产品品种、品质、品牌提出了更高要求，我国整体上已进入质量兴农、绿色强农的新时代新阶段。对兴宾区而言，应对新时代新阶段农业发展的新态势，要打好“产业兴旺”这张牌，必须立足农业“大”和“特”的基础，在贯彻落实自治区部署要求大力推进特色农业强优工程中先人一步、做出示范，用特色农

作者单位：广西壮族自治区农业科学院。

业强优做好产业振兴文章，以特色农业强优引领乡村振兴特色路径。

### （二）是推进经济高质量发展的迫切需要

党的十九大作出了“我国经济已经由高速增长阶段转向高质量发展阶段”的重大判断。习近平总书记指出，高质量发展就是能够很好满足人民日益增长的美好生活需要的发展。对兴宾区而言，第一产业增加值占 GDP 比重仍达 20%以上，农业仍是国民经济的基础性战略性产业，发挥着经济高质量发展的压舱石作用，只有加快农业农村发展的质量变革、效率变革、动力变革，推进现代特色农业向强优升级、步入高质量发展，把现代特色农业打造成为振兴乡村、富民兴区的新引擎，才能走出经济结构更加合理、产业体系更具特色、城乡发展更加协调、人民生活更加幸福的高质量发展之路。

### （三）是促进农民群众持续增收的有力举措

习近平总书记多次强调，“小康不小康，关键看老乡”。乡村振兴的二十字总要求，产业兴旺是重点，生活富裕是根本，产业兴旺的最终目标就是实现生活富裕。对兴宾区而言，现代特色农业是农民群众的最重要收入来源、最有效增收渠道，在 2018 年农村居民收入构成中，经营净收入占比高达 68.1%、增速处于 14.1%的相对高位；推进新时代的兴宾乡村振兴，如何把促进广大农民共同富裕作为出发点和落脚点，最关键的举措就是把特色农业做强做优，加快农业向现代化发展，以乡村产业兴旺为农民生活富裕提供强有力支撑。

## 二、兴宾区推进特色农业强优具备的基础优势

### （一）农业经济总量大

兴宾区是广西的农业大县区和来宾的农业第一大县区，有着“桂中粮仓”之称和全国糖料蔗生产第一大县、生猪调出大县的地位，形成了“桂中农业看兴宾”的农业大格局。兴宾区第一产业增加值连续

多年排在广西县域前十，是名副其实的广西农业十强县；2018 年第一产业增加值 66.38 亿元，占整个来宾市的 40.27%，是广西第一产业增加值超 60 亿元的 8 个县（市、区）之一；第一产业增加值增速 5.7%，高于广西平均水平；第一产业增加值占 GDP 的比重达 20.58%，远高于广西平均水平；农林牧渔业总产值 101.22 亿元，其中牧业、渔业产值的增速高于广西平均水平。

### （二）主导产业优势明显

兴宾区特色农产品丰富，现代特色农业产业在广西的地位十分突出，多个产业规模排在广西各县（市、区）的首位或位居前列，是广西糖料蔗生产保护区划定面积最大、粮食生产功能区划定面积第七大的县（市、区）。其中，2018 年农作物总播种面积 18.23 万公顷，排在广西 111 个县（市、区）首位；甘蔗种植面积 7.72 万公顷、产量 725.59 万吨，是广西最大的“双高”糖料蔗示范基地之一；粮食种植面积 6.08 万公顷、产量 25.32 万吨，是国家千亿斤粮食生产基地县；蔬菜播种面积 3.12 万公顷，位居广西县域第 8 位；肉牛存栏量位居广西县域第 1 位，是全国生猪调出大县；休闲农业和乡村旅游成为经济高质量发展的重要增长点，带动全域旅游消费达 50 亿元，接待游客超 600 万人次，双双增长 40%左右。

### （三）园区辐射带动显现

以园区创建引领带动农业现代化，是兴宾区推进现代特色农业发展的重点和亮点。截至 2017 年，成功创建全国农村创业创新园区（基地）1 个、市级国家农业产业园建设单位 1 个、各级现代特色农业示范区 15 个等。在园区的集聚支撑和辐射带动下，2017 年新增农民专业合作社 620 多户，出资总额 13.03 亿元，注册家庭农场 60 多家，一大批农户在新型农业经营主体带领下进入园区生产经营链条，园区核心区农村居民的收入比当地平均水平高 15%以上。2018 年设施农业占地面积 9 866.67 公顷，位居广西县域第 7 位，金融机构农业及支农贷款余额 58.52 亿元，位居自治区县域第 11 位。

### （四）农业资源基础较好

兴宾区境内有北回归线、红水河横贯而过，光温湿度适宜，流域沃野千里，有众多适宜耕作的土地。兴宾区耕地面积达 18.94 万公顷，是广西耕地最多的县（市、区），且按常住人口计算人均耕地面积达 0.19 公顷，是广西人均耕地面积的 2 倍多。土地是农业发展的最根本要素，耕地总量大、人均耕地多，加之桂中治旱工程实施后农业基础设施不断完善，有利于兴宾区加快发展现代特色农业，推进农业经营规模化、生产机械化和水利现代化。此外，根据广西土地质量地球化学评价报告，兴宾区富硒土壤分布面积达80%以上，排在广西前列，是最具潜力开发富硒农产品的地区之一；兴宾区在利用富硒土壤特色资源，大力发展富硒农业产业，打造富硒品牌农产品方面，具有明显优势。

### （五）开放发展区位特殊

兴宾区处在“桂林—柳州—来宾—南宁—钦州—北海”中轴上的桂中地区，是横向纵向交通主干道交汇的枢纽节点，是南宁和柳州两大中心城市经济圈的门户腹地，是珠江—西江经济带“柳州—来宾”组团和柳州来宾河池一体化的重要县域，既能够在国际陆海贸易新通道建设中快速融入“一带一路”“中国—东盟”和泛北部湾等开放合作，也可以在珠江—西江经济带建设中深度对接粤港澳大湾区，具有全面进入广西“南向、北联、东融、西合”全方位开放发展格局的特殊区位。开放发展的特殊区位，为兴宾区推进现代特色农业带来了更大的发展空间、更高的发展质量和更多的发展要素。

## 三、兴宾区推进特色农业强优存在的主要问题

### （一）产业链增值不高

兴宾区特色农业产业虽有量的基础，但农业产业发展程度还不够

高，一二三产业发展融合度不够，产业链集中在种植、粗加工环节，农产品精深加工和综合利用程度低、链条短，保鲜外运等环节薄弱，产后利益流失严重，难以获得高端市场效益。农产品加工企业少，乡村企业项目中涉及农产品的主要是医药类和制糖类项目，其他特色农产品普遍处于附加值低的采后初加工阶段，产业链增值增收十分有限。如蔗糖、水稻两大农业支柱产业仍以粗加工或相对单一类别产品加工为主，产品附加值低、产业链不长，没有形成大产业效应；桑蚕业也处于增桑扩养阶段，在蚕茧深加工、桑枝桑果副食品加工等方面拓展不多，尚未进入高附加值的产业链环节。2017年，41.50亿元的农副食品加工业产值，甚至不到农牧渔业产值总和的一半；2018年，农副食品加工业增加值增长4.4%，低于农林牧渔业增加值1.2个百分点。

### （二）品牌竞争力不强

农业品牌建设滞后，特色农产品没有形成地标性品牌，优势产业应对市场的各自为战使得兴宾农业对外知名度不高，农产品依靠品牌提升市场竞争力的能力不足，成为制约兴宾区特色农业强优和产业兴旺的瓶颈。如兴宾区作为广西的糖罐子，尽管在糖业上有“QT”“晶龙”“荷花”等白砂糖品牌，但几个品牌同时在争夺市场，也没有很好地体现兴宾的地标性，不利于兴宾白砂糖的整体市场形象提升，更不利于兴宾白砂糖主导市场。粮食、蔬菜、桑蚕、水果等优势特色产业，也存在品牌小、散、杂的情况。富硒农业整体开发程度仍然比较低，还没有培育出在全国叫得响的拳头产品和富硒品牌。

### （三）经营主体实力不足

一方面，农业龙头企业数量不多且以小型龙头企业为主，对产业的整体带动作用不强，年产值500万元以上的龙头企业仅10家；除制糖领域外，其他产业的龙头企业数量偏少、规模偏小、综合实力偏弱、市场竞争能力不强，对优势特色产业的生产、加工、销售的拉动力不够。另一方面，农业专业合作社、家庭农场的关联产业过于分散，合作社综合经济实力、家庭农场生产经营水平仍相对较低，集成现代设施、现代设备、现代科技、现代管理运营的能力较弱，引领产业发展的能力十分有限。如本土的水果、蔬菜专业合作社，其经营面积不到兴宾区特色水果、蔬菜总面积的 20%，且对接市场能力不强，常处于市场的被动地位，导致生产效率和效益不高。

## 四、兴宾区推进特色农业强优迎来的重大机遇

### （一）习近平总书记赋予广西“三大定位”新使命、“五个扎实”新要求的重大战略机遇

习近平总书记赋予广西“三大定位”新使命，使广西在国家开放发展中的战略地位不断提升；提出“五个扎实”新要求，为推进富民兴桂事业指明了方向、提供了遵循。特别是在“五个扎实”中，把扎实推进现代特色农业建设放在首位，将广西的现代特色农业发展提升到了一个全新的战略高度，使之成为谱写新时代广西发展新篇章的重要篇幅。在中央、自治区的高度重视下，广西现代特色农业将进入新时代快速发展的黄金期。兴宾区作为桂中地区现代特色农业发展的龙头，也必将在广西农业现代化的全新进程中迎来更大的发展契机、注入更强的发展动力。

### （二）加快实施乡村振兴战略的重大政策机遇

党的十九大作出实施乡村振兴战略的重大部署，国家制定了《乡村振兴战略规划（2018—2022 年）》，针对城乡发展不平衡、农村发展不充分的阶段性主要矛盾，确立了“干部配备优先考虑，要素配置优先满足，公共财政投入优先保障，公共服务优先安排”的农业农村发展“四个优先”总基调，使现代农业发展迎来了新一轮重大政策红利。自治区、来宾市聚焦乡村振兴形成了一系列配套政策，特别是在

广西乡村振兴战略规划中提出实施特色农业强优工程，为兴宾区推进产业兴旺乡村振兴创造了重大政策机遇和良好外部条件。

### （三）大力推进产业扶贫精准脱贫的重大发展机遇

兴宾区是广西脱贫攻坚主战场之一，贫困面大、贫困人口多、贫困程度深，“十三五”贫困村和建档立卡贫困户数量分别排在来宾市的第一、第二位，而缺乏产业支撑则是贫困地区贫困群众致贫的主因之一。近年来兴宾区通过大力推进产业扶贫精准脱贫，落实产业扶贫以奖代补资金 5 315 万元，重点扶持贫困村贫困户发展水果、桑蚕、肉牛等特色产业，受益贫困村贫困户众多。产业扶贫精准脱贫的推进实施和积极成效，强化了产业贫瘠的贫困地区现代特色农业开发，补上了现代特色农业的发展短板，为兴宾区特色农业全域强优以及贫困地区走向产业兴旺提供了重大发展机遇。

### （四）整市创建国家现代农业产业园的重大平台机遇

2017 年 9 月，来宾市获批创建国家现代农业产业园，是广西首个地市级国家现代农业产业园。国家现代农业产业园是推进农业现代化的重大平台，其创建过程是一个规划提升、政策配套、要素集聚、基础设施建设加快和重大农业项目招商落地等集中高效推进的过程，将极大促进地方农业供给侧改革和一二三产业融合发展。兴宾区作为来宾市的核心县域和农业第一大县区，享有产业基础最有利、政策落地最直接、要素集聚最便捷、项目落地最便利的国家现代农业产业园重大平台机遇。

## 五、兴宾区推进特色农业强优面临的发展挑战

### （一）主要矛盾变化迫切需要农业高质量发展的挑战

随着我国社会主要矛盾转变为人民日益增长的美好生活需要和不平衡不充分的发展之间的矛盾，农业主要矛盾也随之发生变化。兴宾

区与广西、与全国一样，农业主要矛盾已经由总量不足转变为结构性矛盾，在居民消费结构升级的背景下，传统农业生产已经与城乡居民消费结构日益多元化、个性化、多样化的要求不相适应，迫切需要推进农业供给侧结构性改革，加快农业高质量发展，实现由主要追求数量向数量质量并重、更多注重质量转变，由主要追求增产向增产增收并重、更多注重增收转变。

### （二）资源环境约束加剧迫切需要农业转型升级的挑战

与来宾、广西总体情况一样，兴宾区资源环境对现代产业发展的承载能力有限，长期以来由于追求农业产出高增长且资源利用效率较低、部分农村群众环境保护意识薄弱等，导致生态环境和资源条件约束趋紧，农业面源污染、农产品质量安全、土壤肥力下降等农业发展方式粗放的问题日益显现，加之农业基础设施薄弱、科技支撑不强、财政金融保障不足等发展滞后的局面依然没有得到根本改变，传统的资源消耗型农业生产发展模式已经无法满足农业现代化要求，迫切需要加快农业发展转型，推行“低投入、低能耗、低污染、高产出”的现代特色农业新体系。

### （三）补齐农业现代化短板迫切需要小农户与现代农业发展有机衔接的挑战

虽然近年来合作社、家庭农场等新型农业经营主体发展迅速，但兴宾区农业适度规模经营的整体水平仍然不是很高，农业生产仍主要以农户小规模分散经营为主。推进特色农业强优，实现兴宾的农业现代化，关键难点在小农户，迫切需要促进小农户与现代农业发展有机衔接。只有将小农户纳入现代农业发展的轨道上来，不断提升小农户参与规模经营、发展现代农业的能力，才能更好实现现代特色农业优质化、绿色化、融合化、品牌化、开放化发展，促进农民在产业兴旺中增收致富，使农民成为现代农业发展的最终受益者。

## 六、兴宾区推进特色农业强优的对策建议

### （一）确立三大战略定位

根据对优势、问题、机遇、挑战的综合分析，在实施乡村振兴战略中，兴宾区推进现代特色农业发展可确立的战略定位是：以实施特色农业强优工程为主抓手，以国家现代农业产业园建设为重大载体，加快推进现代特色农业转型升级，大力建设农业强区（县）、升级“桂中粮仓”和打造现代产业园，为兴宾区在实施乡村振兴战略中实现“中轴崛起”构筑新支撑。

**1. 建设农业强区**（县）

全面提升兴宾区现代特色农业发展水平，打造形成以优质粮食、甘蔗、桑蚕、果蔬、畜牧为传统主导产业和以农产品加工业、富硒农业、休闲农业旅游、电商农业为新兴优势产业的产业集群，巩固全国千亿斤粮食生产能力县和糖料蔗生产第一大县地位，推进全国生猪产业大县建设，加快农业大区（县）向农业强区（县）转变。力争到2022年，兴宾区第一产业增加值在广西111个县（市、区）的排位实现保八争六，农产品加工转化率、特色农产品品牌化率、农业适度规模经营率、小农户进入产业化经营率、农业科技进步贡献率全面高于广西平均水平，蔗糖、肉牛等产业规模保持广西县域首位，粮食、生猪、富硒农业、休闲农业等排在广西县域前列，其中富硒农业和休闲农业发展成为县域经济的重要增长点，产值分别达5亿元和1亿元。

**2. 升级“桂中粮仓”**

坚定不移地把确保粮食安全作为发展现代特色农业的首要任务，全面升级“粮仓”建设，推进种粮导向从增产转向提质转型，推进粮食传统产业向特色化、产业化、品牌化发展，在牢牢扎紧“米袋子”的同时，加快打造粮食高端品牌，建设现代化的全新“桂中粮仓”。落实2.73万公顷粮食生产功能区，强化国家粮食生产基地县和国家

新增千亿斤粮食生产基地县建设，通过藏粮于地、藏粮于技，创建绿色高质高效的粮食生产基地和粮经复合基地，稳定粮食生产面积在6.33万公顷左右、产量30万吨以上。加快完善富硒稻米标准化生产技术体系，扩大富硒米认证面积，加强优质大米产业链建设，大力发展优质稻、有机稻、富硒稻等高附加值粮食品牌，把“兴宾富硒米”打造成为广西首屈一指的大米品牌。

**3. 打造现代产业园**

充分发挥兴宾区作为来宾市国家现代农业产业建设的核心区域功能，优化农村营商环境和“双创”孵化政策，集聚支撑农业现代化的优势人才、前沿技术、新兴业态和多元资本等要素，整区推进现代特色农业示范区创建和全域打造“一镇一业、一村一品”，加快实现技术集成、要素集聚、企业集中和产业集群，构建形成一二三产业首尾相连、上下游衔接、融合互动、抱团发展的现代产业体系，将兴宾区整体打造成为“一区多业、多园区支撑、多功能融合”的现代产业园，成为广西乃至全国最具农业投资价值的县域之一。重点推进红河红现代特色农业示范区、海升现代柑橘产业园等重点园区建设升级，新布局建设一批优势特色产业明显的园区，引进培育和发展壮大一批新型农业经营主体，实现到2020年“主导产业都有示范区、乡乡有示范园、村村有示范点”，新型农业经营主体总数达3 100个，其中家庭农场400个、农民合作社2 500家、农业龙头企业200家，70%以上的小农户在新型农业经营主体带动下实现现代农业规模化、产业化经营。

## （二）推进产业提升工程

提升优势产业，强优新兴产业，发展扶贫产业，增点扩面提质升级现代特色农业示范区，推进现代特色农业转型升级、增量提质。

**1. 实施五大优势产业提升行动**

优化粮食产业，加快推进粮食生产现代化建设，实施2.33万公顷水稻增产增效工程和4 000公顷玉米增粮增收工程，大力发展富硒稻米、无公害稻米、有机稻米，立足产粮大镇、产业园区高标准建设一批优质商品粮、特色杂粮等重点基地。升级甘蔗产业，大力推进9.47万公顷糖料蔗生产保护区和4.73万公顷“双高”糖料蔗基地建设，实施“甘蔗生产全程机械化示范县”项目和“退桉还蔗”工程，加快糖业“二次创业”，打造广西最大“双高”基地示范区和助农增收甜蜜大产业。提升桑蚕产业，推动种桑养蚕特质化发展，积极开发桑枝、蚕沙、蚕蛹等副产物价值，延长产业链条，围绕桑和蚕打造优质茧丝、桑果食品、桑枝药材、蚕沙沼气等产业集群。做强特色果蔬，实施优果优菜工程，大力发展优质柑橘、晚熟柑橘、生态蔬菜、夏秋反季节蔬菜等特色果蔬产业，加快商品化蔬菜基地建设，推动“百果园”向“柑橘园”转变，力争优质果蔬率达90%以上，打造全国性的“南菜北运”“南果北运”生产基地。壮大畜牧产业，大力推进生猪产业标准化、生态化、规模化、产业化、现代化发展，支持规模养殖场区进行标准化健康示范养殖场创建，推动红水河流域家庭散养有序退出，引进培育加工龙头企业延伸和拓展生猪产业链条，加快建设生猪产业强县；积极发展蚕桑以及山羊、奶牛、竹鼠等特色养殖和生态肉鹅、泥鳅、龙虾、鲈鱼、黄颡鱼等名特优水产品养殖，创建现代畜牧业示范区。

**2. 实施农业新业态培育行动**

大力发展富硒农业，依托富硒土壤分布面积达80%以上的优势，实施富硒农业“5555”行动计划，集中力量将“富硒米”“富硒果”“富硒桑果食品”“富硒禽畜肉类产品”“富硒鸡（鸭）蛋”等打造成为全国知名品牌产品，力争到2020年建成富硒农产品生产基地或富硒规模养殖基地3 000公顷以上，培育主要从事富硒农产品开发的龙头企业5家以上，创建具有较强竞争力的生态富硒农产品品牌5个以上，形成富硒农业产值5亿元以上，引领广西富硒农业产业发展、跻身全国富硒农业县域第一方阵。大力发展电商农业，推进互联网、物联网、云计算、大数据与现代特色农业结合，引进知名电商平台开设兴宾特色农产品馆、建设乡村电商服务站点，鼓励新型农业经营主体开展 O2O、APP 等方式的产购销，加强线上线下互动，全面推动农村电商发展，促进市场向产地下移和农产品向城市上行。大力发展农业“双创”，培育发展体验农业、康养农业、定制农业、创意农业、创客农业、微田园经济、农业众筹等新产业、新业态。

**3. 实施贫困村产业开发行动**

以产业扶贫为手段，强化产业贫瘠的贫困地区现代特色农业开发，补上现代特色农业发展短板。重点扶持培育“3+1”特色产业，确保每个脱贫摘帽贫困村有 1 个以上农民专业合作社或生产基地覆盖。发展壮大集体经济特别是贫困村集体经济，鼓励地域相邻、资源相近、产业相似的行政村跨地域联动发展产业，支持集体经济组织与农户联合创办民族手工艺、特色食品等实体经济，力争到 2020 年园区核心区村集体经济年收入达 7 万元以上、其他村集体经济年收入达 5 万元以上。

**4. 实施现代特色农业示范创建行动**

大力开展广西现代特色农业示范区、国家和广西“三园一体”的示范创建，以示范创建引领特色强优。以红河红晚熟柑橘国家现代农业产业园建设为龙头，引领带动并扩大创建一批自治区、市、县、乡、村级示范区（园、点），推动五大优势产业分别创建 1 个以上县级示范区，推动七洞、良塘、石牙、高安、三五、小平阳、石陵等 7 个尚未成功创建示范区的乡镇分别创建 1 个乡级示范园，推动各乡镇启动村级示范点创建，实现到 2020 年“主导产业都有示范区、乡乡有示范园、村村有示范点”。支持有条件的示范区进一步升级创建，争创国家级、自治区级产业园、科技园、创业园、田园综合体和农村产业融合发展示范园等。

## （三）推进三产融合工程

重构和演化升级产业链，推动生产要素跨界配置和农产品生产、加工、销售等各环节有机融合，构建农业与二三产业交叉融合的现代产业体系。

**1. 壮大农产品加工业**

大力发展农产品产地初加工，深化与中粮集团、海升集团等国家重点龙头企业的合作，重点推进粮食、甘蔗、肉类、水果、蔬菜、桑枝桑果、蚕蛹复合蛋白、茧丝绸等精深加工及综合利用加工，推动农产品加工由糖业、造纸等单一、粗放型加工布局向多种业态共存打造产业链、产业集群转变。加大对本地加工龙头企业的扶持力度，大力引进一批国内农产品加工领军企业，促进本地优势农产品与行业内优势企业强强合作，提高农产品加工率和附加值。力争到 2022 年主要农产品加工转化率达 60%，农产品加工业产值与农业总产值比达 1.8。

**2. 发展休闲农旅经济**

用好用活特色农业资源和乡村旅游资源，深化“美丽兴宾”乡村建设成果，拓展农业的休闲、体验、康养等功能，大力发展休闲度假、旅游观光、养生养老、创意农业、农耕体验和农业主题公园等休闲农旅经济，建设农业文化旅游“三位一体”、生产生活生态“三生同步”、一产二产三产“三产融合”的宜居宜业休闲农旅小镇和一村一品、一村一景、一村一韵的魅力田园村庄。提升红河红现代特色农业（核心）示范区建设水平，打造成为桂中地区第一个农业主题公园；推进良江开心农场、蒙村幸福里庄园等休闲农业与乡村旅游示范点持续打造，推出一批休闲农旅精品和乡村旅游线路。

**3. 建立全产业链模式**

推动粮经饲统筹、农林牧渔结合、种养加一体、一二三产业融合发展，推广“生产基地＋中央厨房＋餐饮门店”“生产基地＋加工企业＋商超销售”等模式，打造“从田间到餐桌”的农业全产业链，促进产业融合升级、提质增效。引导扶持东糖、正大、春茂等农业龙头企业建立稳定的原料生产基地，提供产前、产中、产后系列化服务，开展农产品精深加工，形成贸工农一体化、产供销一条龙的产业化经营。组织开展以农业全产业链开发创新为重点的一二三产业融合发展试点，力争“十三五”期间打造 5～10 条年售收入达 1 亿元以上的县域农业全产业链。

**4. 加强农产品流通和市场建设**

大力推进农产品现代流通体系建设，发展现代冷链物流，建设完善保鲜冷库、交易大棚、加工车间、公共信息平台和农产品检验检测设备等物流设施。加强农产品专业市场建设，重点推进兴宾生猪交易市场建设，打造成为立足桂中、辐射广西、面向南方的生猪交易区域性中心。升级改造城区、乡镇农贸市场，提升农产品市场经营管理水平。加强农商互联、产销衔接，发展农超、农社、农企、农校等产销对接流通新业态。

## （四）推进一镇一业工程

强化镇村经济在乡村产业振兴中的主力军作用，加强镇村主导产业培育，推进区域优势产业集聚，打造“一镇一业、一村一品”特色经济，实现现代特色农业产业兴村强区。

**1. 落实三类区域农业功能定位**

以来宾市中心城区为核心，突出镇域联动、产业协同，向东南西北四个外延构建不同定位、协调有序、高效集约、联动发展的农业功能区域，强化城市经济圈的引领带动和外延区域的农业支撑。其中，以南泗乡、蒙村镇、寺山镇、石牙乡、五山乡、陶邓乡、石陵镇、小平阳镇大部分地区以及东部大湾镇为主构成南部优势农业功能区，大力发展水稻、甘蔗、蔬菜、水果、种桑养蚕等产业；以良塘乡及七洞乡大部、桥巩镇西部、迁江镇北部为主构成北部特色农业功能区，大力发展特种养殖和种植，共同为供给城市、满足城乡农副产品需求服务；以凤凰镇北部西部、良塘乡东部和七洞乡东部共同构成北部生态农业功能区，以平阳镇全部以及迁江镇、石陵镇西部共同构成西部生态农业功能区，全力发展生态农业、循环农业和绿色经济，保护植被和生物多样性，为建设生态文明新兴宾提供生态环境保障。

**2. 构建“三园两带”产业集聚格局**

融入自治区休闲农业“一轴两翼”布局，立足来宾市国家现代农业产业园建设核心区划，结合兴宾区南部、北部和东西部三类区域农业功能定位，大力构建兴宾农业现代化“三园两带”发展新格局，推动乡村主导产业集聚，逐步形成“一镇一业”“一村一品”发展态势。“三园”，即在正龙乡打造以红河红晚熟柑橘产业示范区为中心的柑橘产业园，在大湾镇打造以益禾富硒水稻基地为中心的富硒农业产业园，在五山镇打造以三利湖国家湿地公园为中心的生态农业产业园；“两带”，即在良江—城厢—蒙村—良塘一线打造以乡村旅游和城郊经济为主的近郊休闲农业观光带，在平阳—七洞—高安—南泗—石牙—寺山—小平阳—三五—陶邓—石陵一线打造以桑蚕、肉牛、柑橘等特色优势产业为主的远郊特色农业产业带。

**3. 开展产业兴村强区示范行动**

结合“三园两带”的产业布局，依托各镇村的资源禀赋，以优质水稻、双高糖料蔗和特色水果、蔬菜、桑蚕、生猪、肉牛、山羊等传统产业以及富硒农业、休闲农业、电商农业、城郊农业等新兴产业为重点，通过集中连片打造，做大做强1～2个本土特色主导产业，建设一批“一村一品”优质特色农产品生产基地，大力发展“一镇一业、一村一品”特色经济，打造一批乡土经济活跃的农业产业强镇（乡）、产业特色明显的农业特色小镇和产业优势互补的“一村一品”集群。到2022年，实现20个乡镇、238个行政村的“一镇一业”特色镇（乡）和“一村一品”专业村（屯）发展全覆盖，每个乡镇建设3～5个“一村一品”优质特色农产品生产基地，其中全力打造创建国家级“一村一品”示范村镇2个。

## （五）推进主体培育工程

大力培育产业梯次合理、分工精细、合作有序的新型农业经营主体，加快构建集约化、专业化、组织化、社会化的新型农业经营体系，有效带动小农户参与现代农业建设。

**1. 培育壮大农业龙头企业**

实施农业产业化龙头企业成长计划，优化农村营商环境，大力培育和引进龙头企业，重点打造出一批产业辐射带动力强的国家级和自治区级龙头企业。依托国家现代农业产业园核心区集聚效应，大力发展农业龙头企业总部经济，引导龙头企业向优势区域集中，集群集聚发展。支持具备条件的本土龙头企业通过引入国内领军企业参股、控股、重组等方式组建大型企业集团，增强本土农业龙头企业综合实力。

**2. 多元化发展农民合作社**

结合粮食、甘蔗、水果、蔬菜、桑蚕、畜禽水产和休闲农业、乡村旅游等优势特色产业发展，加快发展特色产业专业合作社；紧扣农机、农技、病虫害统防统治、劳务输出等环节，积极发展社会化服务合作社；围绕农产品加工、运输、销售等领域，大力发展集产前、产中、产后于一体的综合型合作社；支持发展三次产业深度融合、区域性跨产业联动、跨区域同产业联盟的合作社联合社。支持、鼓励合作社开展示范社创建，力争各级示范社达 100 家以上。

**3. 示范性提升家庭农场**

推进家庭农场示范性提升，按照生产经营规模化、从业人员知识化、生产技术标准化、农场管理企业化、农场经营品牌化的标准，扶持培育一批经营规模大、人员素质高、综合效益好、示范作用强的示范性家庭农场。把“一村一品”特色村作为培育发展家庭农场的主要阵地，对具备家庭农场雏形的特色种养大户，加快引导其向家庭农场经营模式转变。把家庭农场作为乡村创业的主要模式，以“双创孵化”的方式支持农民工返乡和大学生回乡领办、创办家庭农场。

**4. 推进小农户与现代农业有机衔接**

推动新型农业经营主体与镇、村采取多种形式有效对接，通过“新型经营主体＋产业基地＋小农户”“新型经营主体＋电商＋小农户”“新型经营主体＋中央厨房＋小农户”“新型经营主体＋订单＋小农户”等产业化模式，按照市场需求组织农民发展规模化、标准化、机械化生产，向小农户提供技术、信息等社会化服务，提高现代特色农业生产经营组织化程度。加快农村土地流转，推进单家独户的分散土地向新型农业经营主体和现代农业园区集中，发展“大园区+小农户”等多种形式适度规模经营。引导小农户向职业农民、青年农场主转变，建设广西第一个县级职业农民学院，大力开展新型职业农民培育和现代青年农场主培养，推进农民职业化进程。健全农民受益、多方共赢的利益联结机制，探索小农户以土地经营权、林权、农房使用权以及稳定的订单合同等入股农业龙头企业、农民合作社，推行协议生产、股份合作、保底分红等新型经营模式。力争到2022年，70%以上的小农户在新型经营主体带动下参与规模化、产业化经营，共享产业链、价值链的增值收益。

## （六）推进品牌塑造工程

建立完善农产品品牌培育、发展和保护体系，形成“培育品牌、发展品牌、运用品牌、宣传品牌、保护品牌”的工作机制，不断扩大特色品牌农业经济总量，将兴宾现代特色农业的产业优势转化为品牌优势。

### 1. 构建品牌体系

以培育区域公用品牌、产业整体品牌、产品特色品牌为重点，加快构建兴宾现代特色农业品牌体系，集中力量打造一批广西强势农业品牌。突出示范区培育品牌，把示范区建设成为特色品牌农业基地，以示范区为依托打造“红河红”“顺成”等一批区域公用品牌。突出产业产品做强品牌，重点围绕白砂糖、生猪、肉牛、柑橘、水稻、蔬菜等主导产业和富硒、生态等特色产品，整合原有小散品牌，通过整体打造、升级特色、统一包装，全力做强“兴宾”系列产业品牌和“富硒”系列产品品牌；扶持新型经营主体按照富硒、绿色、有机等标准建设品牌种养基地，开展农产品产地认证，实现品牌农业在龙头企业率先全覆盖。

### 2. 推出整体形象

全域推进特色农业品牌建设，通过全产业链谋划、上下游联动、全社会参与，着力塑造、推出“富硒兴宾、品牌农业”的兴宾特色品牌农业整体形象。实施兴宾农业品牌计划，对整体品牌形象进行国内外集体商标、证明商标注册和版权登记，对品牌农产品进行全程追溯生产、统一标识上市和品牌整体推广，实行“兴宾品牌农产品”整体标识，加强产业、产品品牌商标的品牌营销。建立健全联席会议制度，通过年度申报、跟踪监测、考核认定等程序，每年 1 月定期发布兴宾品牌农产品名录，实行市场准入、动态监管、扶持奖励和到期退出。

**3. 形成品牌经济**

力争到 2022 年，特色农业品牌化水平显著提高，特色品牌农业经济总量不断扩大，特色品牌产品市场占有率、消费者信任度、溢价能力较大提升，品牌带动产业兴旺和农民增收作用明显增强。每个优势特色产业都打造形成 1～2 个品牌基地和 3～5 个知名品牌，每家新型农业经营主体都培育形成 1～2 个知名品牌产品，优势特色农产品品牌化率达 70%，绿色、有机、富硒农产品认证率达 90%，“兴宾品牌农产品”整体品牌价值达 10 亿元以上，特色品牌农业对兴宾农业经济增长的贡献率达 60%以上。

## （七）推进现代科技工程

不断强化农业科技支撑，着力提升农业综合产能，依托科技创新推进特色农业强优，依靠科技进步促进农业现代化，走内涵式发展道路。

**1. 推动“一粒种子”撬动产业振兴**

大力发展现代种业，加强种业自主创新，通过扶持发展本地育繁推一体化种子企业，以及依托先进育种机构采用离岸孵化方式进行育种创新，引进推广高产、优质、抗逆、适应机械化生产的突破性新品种，促进传统优势特色产业更新升级，实现“一粒种子”撬动产业振兴。重点加强良种牛等地方特色种质资源保护与开发利用，加快建设甘蔗、柑橘、水稻、生猪等良种繁育基地和县乡两级良种推广站点，力争优势特色农业产业良种覆盖率达 90%以上。

**2. 加强农业重大科技问题研究**

围绕农业供给侧结构性改革和一二三产业融合发展的重大科技问题，推进全产业链、休闲农业、富硒农业、绿色耕作栽培、农机农艺结合、农业资源高效利用、产后精深加工、产品质量安全等领域科技创新，重点攻克糖料蔗高产高糖问题、柑橘黄龙病问题及特色粮果蔬的品质提升、错峰上市、加工储运问题等产业发展关键核心问题。以国家现代农业产业园为平台，引进创新型农业企业落户兴宾，吸引科研院所、科技人员到兴宾建立科研成果中试基地和转化示范基地，推动一批科技成果在兴宾率先熟化应用。力争到2022年，兴宾区农业科技进步贡献率达55%以上、主推农业技术入户率达90%以上。

**3. 深化农科教产学研的大联合大协作**

整合优势科技资源，加强与高等院校、科研单位合作，提升国家甘蔗产业技术体系综合试验站、兴宾甘蔗县域特色作物试验站建设水平，创建一批“星创天地”，推动基层农技推广服务信息化。进一步深化与广西农科院的区院战略合作，在实施乡村振兴战略特别是现代特色农业领域开展全方位的深度合作，推动在兴宾建设广西农科院农业科技专家大院，派出有关科技专家团队挂钩联系服务各现代特色农业示范区，联合申报共建1个自治区级科技创新平台等。

# 广西深度贫困县村级集体经济发展探索实践调研报告

许忠裕　黎丽菊

习近平总书记强调，要坚持农村土地集体所有制性质，发展新型集体经济，走共同富裕道路。党的十九大在作出实施乡村振兴战略的重大部署时，提出深化农村集体产权制度改革，保障农民财产权益，壮大集体经济的重要任务。发展壮大村级集体经济，是增强村级组织服务能力、头雁作用的有力举措，更是促进贫困村实现稳定脱贫、走向乡村振兴的必由之路。

由于历史原因，广西各地在分田到户、分资到户时都比较彻底，村集体自留土地和资产可用于开发经营的不多，村级集体经济普遍存在集体经济空壳、发展路径狭窄、经济存量小等发展困局，在 2017 年以前几乎都没有集体经济收入。2017 年以来，广西把发展壮大村级集体经济作为破解贫困地区特别是深度贫困地区如期脱贫的重要抓手，凝聚部门合力，调动各方资源，加大政策供给，强化资金支持，落实项目保障，强力推进村级集体经济发展。全区贫困地区围绕发展壮大村级集体经济进行了一系列积极探索，取得了明显成效，贫困村集体经济收入实现了从无到有、从单一到多元，也涌现出了一些创新做法和成功实践。百色市乐业县和河池市凤山县均是广西的深度贫困县，在推进村级集体经济发展上走出了特色路径，通过集体经济促进了产业优、集体强、群众富，为广西脱贫攻坚乃至贫困地区、后发展欠发达地区乡村振兴提供了可复制、可借鉴的路径实践。

---

作者单位：广西壮族自治区农业科学院。

## 一、乐业县村级集体经济发展“五个一”的探索实践

乐业县在推进村级集体经济发展中，采取“一村一门面”“一村一基地”“一村一公司”“一村一产业”“一村一特色”的“五个一”模式，多方抱团、多产同育、多路并进，以“五个一”全覆盖实现了“五个活”稳增收。2018 年，全县 88 个行政村（社区）集体经济总收入达 426.13 万元，比 2017 年增加 385.02 万元，其中 74 个集体经济空壳村实现了从无到有；88 个行政村（社区）集体经济收入平均达 3 万元以上，其中有 28 个村集体经济收入达 5 万元以上、占行政村（社区）总数的约三成。

### （一）实现“一村一门面”，盘活闲置资产扩充增收资源

把门面经营作为村级集体经济实现快速收入的有效手段。乐业县在全县范围内组织开展“门面资产大排查”专项行动，对全县所有行政、事业单位现有门面进行排查，将排查出来的利用率低或闲置未利用的 110 间门面进行清单式管理，通过县政府常务会审议、村级集体经济领导小组成员单位合议、铺面原有单位建议、乡镇联席会评议的“四议”程序，在分配意向公开、铺面位置公开和县纪委监委全程监督的基础上，将清单中的 110 间门面无偿划转给全县 88 个行政村（社区）经营管理，实现了每村至少有一间门面。各村在门面经营中，既可通过自主经营获取收益，也可通过招租方式收取租金。“一村一门面”盘活的是利用率低或闲置未利用的资产，既发挥了资产的社会属性、提升了资产的利用效率，又反哺带动了农村发展、快速增加了村级集体经济收入，不少集体经济空壳村通过门面经营得到了集体经济收入的“第一桶金”，如同乐镇立新社区通过出租 2 间铺面每年可获租金 4 万元。2018 年，全县村级集体经济仅门面收入一项就达 90 多万元。

### （二）实现“一村一基地”，复活沉睡资源扩广增收产业

把基地收入作为村级集体经济实现增加收入的基本措施。乐业县国有同乐林场在 2016 年进行改制后，原由同乐林场经营管理的 226.67 公顷甜竹林基地处于无人经营管理状态，导致甜竹林基地无经济效益。乐业县针对这一情况，经过研究决定通过集体经济形式对这 226.67 公顷甜竹林基地进行沉睡资源复活，最大限度发挥其经济价值，实现资源优化利用。由县政府召开会议讨论后，将 226.67 公顷甜竹林基地的使用权划转给 88 个行政村（社区）进行经营管理，作为乐业县村级集体经济重点项目基地，每个村至少获得 2.33 公顷甜竹林地经营管理权，实现了每村有一基地的目标。此外，为解决村集体缺乏甜竹林经营管理经验的实际情况，88 个行政村（社区）对 226.67 公顷甜竹林基地进行统一招商，引进县农投公司实行村企联合经营、基地统一管护，实现了甜竹林基地的市场化发展和最大化效益。“一村一基地”让沉睡资源变成村级集体经济的“造血细胞”，让村级集体经济的家底变得更加厚实。2018 年，仅依托甜竹林基地收入这一项，全县 88 个行政村（社区）集体经济收入就实现了平均增收 1 万元以上。

### （三）实现“一村一公司”，激活富余劳力扩展增收渠道

把劳务红利作为村级集体经济实现拓展收入的重要途径。从农业适度规模经营中转移出来的农村富余劳动力，是村集体经济组织的最大生产力。乐业县着眼于释放农村富余劳动力红利，引导推动全县 88 个村（社区）均成立了村级劳务服务公司，开展多元化服务，实现服务创收，增加集体经济收入。一方面，通过提供劳务服务实现增收。以村级劳务服务公司为平台，将本村富余劳动力集中用起来，按照人员期望薪资、工种进行分类和建立台账，积极与市场对接，为在本村实施项目的施工方提供劳动力资源和服务，向广州、深圳、南宁等地企业提供劳务输送，以获取服务费方式增加集体经济收入。另一方面，通过承接项目建设实现增收。依托村级劳务服务公司组建运输

队、建筑队等服务队伍，以村级劳务服务公司平台跟项目业主或项目施工方承接实施各类工程项目，除按照市场价支付服务队伍的薪资外，剩余部分作为本村村级集体经济收入。如新化镇店坪村劳务公司与项目业主方承接房屋装修工程获得 6 000 元集体经济收入。“一村一公司”激活了农村富余劳力，实现了农村劳动力资源的跨区域调配，扩展了村级集体经济增收渠道。2018 年，全县共有 80 多家村级劳务公司与项目建设方承接项目或签订服务协议，增加村级集体经济收入 150 多万元。

### （四）实现“一村一产业”，用活扶持资金扩大增收项目

把主导产业作为村级集体经济实现持续收入的源头活水。乐业县根据当地实际选准猕猴桃作为县域主导产业，县、乡、村三级联动整合各类扶贫资金共计投入 1 800 万元，在甘田镇板洪村牙意自然村打造了 113.33 公顷的县级集体经济猕猴桃产业园。一是打造主导产业，确保产业覆盖。引导全县 88 个行政村（社区）拿出集体经济财政专项扶持资金入股县级集体经济猕猴桃产业园，各村根据本村的经济实力、距离猕猴桃产业园的远近以及管理人才等实际情况，在产业园内均入股认筹了 0.67～2.67 公顷不等的小园，实现了扶贫主导产业的全覆盖。二是注重自主经营，确保稳定增收。采取“自主建园”“自主管理”方式，由县农投公司负责提供技术指导、品牌打造和市场营销，由各村选派管理人员入园自主管理本村认筹小园，且根据不同参与度，各村集体经济可获得相应产业利润 50%～90%不等。三是创新管理模式，确保共同发展。整个产业园采取统一采摘、统一包装、统一价格、统一品牌的方式进行整体经营，各村认筹的小园则根据自主管理程度的不同按照“创业园”“就业园”“托管园”的模式管理。其中，创业园是各村对自己的小园进行全程管理、可获得收入的 90%以上的最高利润，就业园是各村派出人员参与猕猴桃产业的管理和务工、可获得管理和务工收入以及相应比例分红的叠加收入，托管园是各村将自身的猕猴桃产业园交由平台公司管理、实现收入后获得

基础分红。四是突出示范带动，确保群众受益。一方面，产业园每年可提供 7 000 余人次的就业岗位带动贫困群众在“家门口”就近就业；另一方面，贫困群众在产业园内学到管理能力和种植技术后又自行发展猕猴桃种植实现增收。“一村一产业”用活扶持资金打造了规模化、标准化、市场化程度高且综合效益好的主导产业，避免了“撒胡椒面”式的分散投入和效益低下的分散经营，使集体经济财政扶持资金更好地转化成为产业效益。预计到 2020 年猕猴桃进入丰产期后，各村仅产业园一项就可获得 5 万元以上的集体经济收入。

### （五）实现“一村一特色”，谋活自身发展扩宽增收路径

把特色产业作为村级集体经济实现创新收入的自选动作。乐业县鼓励、支持各村利用部分集体经济财政扶持资金，结合自身实际发展种植业、养殖业、乡村旅游、休闲农业等集体经济的村级特色产业。“一村一特色”有效利用各村资源优势，增强了村集体的主观能动性，谋活了村集体经济的自身发展路子，极大补充了村级集体经济来源。如同乐镇上岗村结合自身资源优势发展黑木耳和灵芝种植项目，2018 年底实现村级集体经济增收 7.75 万元；甘田镇达道村结合本村民俗特色开发乡村旅游项目，2018 年获得集体经济收入 9.95 万元；逻沙乡全达村采取“村民合作社＋农民专业合作社＋基地＋贫困户”的“一社多联”方式发展生态放养猪项目，年出栏生态放养猪 1 500 头以上，村级集体经济获得 4 万元以上的年收益；新化镇伶弄村结合本村丰富的草地资源发展黄牛养殖项目，预计产值可达 10.5 万元，2020 年村级集体经济通过黄牛养殖收入将超过 6 万元；逻西乡中停村采取“企业＋产业＋合作社＋贫困户”的产销路子发展有机水稻种植项目，2018 年村级集体经济获得收入 2 万元，辐射 28 户农户，户均增收 1.3 万元；幼平乡渡口村结合本村丰富的水面资源，建设 15 个钓鱼台，2018 年通过乡村旅游增加村级集体经济收入 2 万元；花坪镇岜木村通过“党支部＋合作社＋贫困户”的多方合作模式发展立体养殖项目，投放的 1.5 万尾鱼苗打捞后预计可实现村级集体经济收入 4 万元。

## 二、凤山县村级集体经济发展“六个三”的探索实践

凤山县在推进村级集体经济发展中，采取立足三个依托、坚持三个强化、推行三种模式、注重三个突出、建立三类制度、健全三大机制的“六个三”举措，开创了村级集体经济发展和特色产业扶贫的“双融合、双促进、双发展”局面。2017年，全县村级集体经济收入达789万元，其中48个贫困村年收入超过8万元、50个非贫困村年收入超过4万元，提前完成自治区确立的2020年贫困村集体经济年收入超过5万元的目标任务，在全区率先实现了村级集体经济全覆盖和全达标。

### （一）立足“三个依托”，培育产业优势

一是依托资源禀赋选好特色产业。发挥农林资源丰富的优势，因地制宜选择具有一定规模、产业基础较好、群众参与面广、易于规避风险的核桃、核桃鸡、油茶、杉木、百香果以及桑蚕、八角为“5＋2”特色产业，带动其他传统产业的发展，较好地将资源优势转化为产业优势和经济优势。二是依托龙头企业壮大特色产业。先后引进万寿谷公司、博隆公司、润达制药等龙头企业，发展核桃鸡、百香果、中草药等产品深加工，延伸产业链、提升价值链，推动特色产业规模化、绿色化、产业化、标准化和品牌化发展。三是依托自然环境发展新兴产业。利用丰富的喀斯特岩溶地貌资源和良好的生态环境，以成为全国森林康养基地试点和创建广西特色旅游名县为契机，培育发展乡村旅游和休闲农业等新兴产业。如中亭乡中亭村依托特色农业、田园风光和乡土文化发展乡村旅游，年接待游客3万余人次，村集体经济年收益10万余元。

### （二）坚持“三个强化”，激发发展动力

一是强化政策引导。出台了《凤山县脱贫攻坚特色产业富民行动

扶持激励政策》《凤山县“互联网＋林下养鸡”项目补助暂行办法》《凤山县脱贫摘帽激励政策》等政策，对发展特色产业进行激励和补贴，调动了村民合作社和贫困户发展产业项目的积极性，全县 98 个村民合作社均发展了特色产业项目。二是强化队伍建设。在村“两委”换届中，通过“群众座谈听口碑、党员评议比作风、乡镇党委定成绩”方式，把政治素质好、“双带”能力强的优秀党员选为村“两委”干部特别是村党组织书记，增强村“两委”带领发展村级集体经济的市场意识。三是强化村企合作。把 98 个行政村（社区）打造成特色产业的“生产车间”，把龙头企业发展成特色产业的“加工销售车间”，通过“村企联盟”共同推进特色产业发展，构建完整产业链条，既解决村集体经济“做什么”“怎么做”的难题，又解决企业发展资本金不足、原材料组织生产难题，实现村企双赢。全县有 96 个村与万寿谷公司联盟发展林下养殖“万寿谷·核桃鸡”产业项目，有 2 个村与当地旅游企业联盟发展乡村旅游。

## （三）推行“三种模式”，增加集体收入

一是推行“入股搭车”模式，分享股权红利。2017 年，由村民合作社以村级集体经济资本金入股万寿谷公司发展养殖“万寿谷·核桃鸡”，融入产业链条发展；万寿谷公司按不低于合同（协议）总入股金额 8%的年回报率托底分红，仅此一项贫困村获得红利 8 万元、非贫困村获得红利 4 万元。2018 年，由政府融资在每个村建设 2 个标准化养殖小区，其基础设施划归村集体作为资产入股，每个养殖小区一年可出栏核桃鸡 12 万羽，村民合作社从每只鸡的养殖利润中分红 2 元钱，仅此一项将使每个村每年集体经济收入达 30 万元以上。二是推广“下放项目”模式，创造项目红利。在全县推行“整合资源、下放项目”工作，把分散在扶贫、发改、交通、水利、文体等部门的小型惠农基础设施建设项目下放到村一级，引导村民合作社组建各类施工队伍参与项目施工和管理，在帮助当地村民就业增收的同时，让村民合作社通过实施项目管理获取收益。2017 年，全县 98 个

行政村（社区）此项集体经济收益达196万元。如六马村村部篮球场项目，以及六马那然至那段、那段至巴洋两条屯级路硬化项目，中亭乡六马村村民合作社通过组建施工队伍参与建设，得到村级集体经济收入3.4万元。三是推行“自办产业”模式，开发产业红利。整合各类社会帮扶资源，鼓励有条件的贫困村因地制宜发展特色产业项目，获得产业红利。如中亭乡中亭村村民合作社种植百香果34.73公顷，2017年获得村集体分红8.8万元；江洲瑶族乡弄旁村通过对口帮扶单位扶持20万元建起微型光伏电站，投产运营45天即产生3 431元村集体经济收入。

### （四）注重“三个突出”，提高攻坚实效

一是突出党建引领。积极推进农村党组织“星级化”管理，开展“产业村”“文化村”“平安村”“生态村”“幸福村”等“五村”创建活动，推动党建引领特色产业扶贫和村级集体经济发展。二是突出产业融合。加快发展农产品加工业、乡村旅游和休闲农业，推进村级集体经济参与农村一二三产业融合发展。如广西万寿谷投资集团股份有限公司吸纳村级集体经济入股，在凤山县建立了“育种＋孵化＋育雏＋养殖＋屠宰初加工＋熟食＋罐头深加工＋产业旅游＋冷链物流＋线上线下销售平台＋体验销售”的全产业链融合发展模式，让村级集体经济合理分享二三产业增值收益。三是突出利益联结。推广“企业＋合作社（村民合作社、农民合作社）＋基地＋农户”等产业化经营模式，企业与合作社、农户建立股份合作、订单、购销合同等紧密联结，将企业与合作社、农户结成利益共同体，实现风险共担、利益共享。

### （五）建立“三类制度”，促进规范管理

一是建立内部运行管理制度。凤山县出台了“1＋5”的村民合作社内部运行管理制度，有效规范经营管理。“1”即《村民合作社章程》，“5”即《社员大会制度》《社管会工作制度》《社监会工作

制度》《财务管理制度》《盈余分配制度》。二是建立民主理财制度。各村民合作社均设立监督委员会，与村务监督委员会“一套人马”，在其领导下设立村民理财小组，行使民主理财职责。全面实行村务公开和财务公开，接受村民对村民合作社监督，及时发现和化解风险。三是建立风险防范制度。针对各村发展集体经济缺经验、管理集体资产不规范的突出问题，凤山县制定了《凤山县村级集体发展资金管理办法（试行）》《凤山县村民合作社财务管理办法（试行）》《凤山县村级财务会计委托代理服务管理办法》等制度，明确村级集体经济发展资金的使用规范，严格实施“村财乡管”和财务公开，规范财务会计制度，强化会计监督职能，维护集体和村民利益。

### （六）健全“三大机制”，凝聚发展合力

一是健全力量保障机制。凤山县构建了“县委常委包乡镇、政府领导包专项、人大政协领导包督查、县直单位包村、干部包户”的“五包”脱贫攻坚责任制；创新推行了“人大政协领导分乡包村督查、乡镇之间交叉检查、县乡相互督查、县级专项督查”的督查检查机制；在驻村第一书记全覆盖的基础上，向每个行政村都派驻一支脱贫攻坚（乡村振兴）专业工作队，由县直包村单位一名班子领导担任队长，另从县直包村单位和乡镇选派 2～4 名后备干部和精干力量担任队员。专业工作队成员与原单位工作脱钩，实行专业化培训、全脱产驻村，在乡镇进行考核并由组织部门重点跟踪培养。2017 年，全县共选派了 337 名脱贫攻坚（乡村振兴）专业工作队队员，为脱贫攻坚和村级集体经济发展提供了强有力的干部保障和人才支撑。二是健全资金整合机制。凤山县自 2013 年开始在广西率先推行整合资金工作机制，把上级安排资金、部门扶持资金、县级财政资金等涉农资金和社会帮扶资金进行统筹整合，发挥资金合力，提高使用效益。2017 年共整合了 7 300 万元作为村级集体经济发展资本金，对全县 98 个村（社区）进行全覆盖，按照每个贫困村 100 万元、每个非贫困村

（社区）50万元的标准予以安排，为村级集体经济发展提供了原始的“本钱”。三是健全帮扶捆绑机制。严格落实驻村扶贫产业发展工作队与贫困村、帮扶单位与贫困村、帮扶干部与贫困户结对帮扶机制，实行对象捆绑、责任捆绑、项目捆绑、资金捆绑、成效捆绑“五个捆绑”，做到不脱贫不脱钩。各村第一书记（乡村工作队员）参与协调各类扶贫资金超6亿元，有力推动了扶贫特色产业和村级集体经济发展。

## 三、几点启示

乐业县和凤山县作为广西的深度贫困县，在资源有限、资金有限的情况下，大胆创新，多措并举，探索出了村级集体经济发展的特色路径，为打赢脱贫攻坚战和实施乡村振兴战略夯实了基础。乐业县和凤山县探索实践，为广西贫困地区特别是深度贫困地区以发展壮大村级集体经济促脱贫振兴提供了有益启示。

### （一）发展壮大村级集体经济，坚持产业主导是根本

产业是经济发展的命脉，必须把选准产业项目、发展产业经济、打造主导产业作为村级集体经济可持续发展的根本，以产业来实现村级集体经济的持续增收。乐业县通过打造县级集体经济猕猴桃产业园、开发甜竹林基地、发展村级特色产业，实现村级集体经济的多元化产业支撑，完成了从政府投入短期“造血”到乡村产业长期“输血”的转型发展，构建了以产业为主导的集体经济发展格局。凤山县在村级集体经济的产业选择上，既发展群众种植面积广、管护技术要求低、技术改造推广易的杉木、油茶、核桃、八角等周期较长的传统产业，又发展经济效益较好的桑蚕、林下养殖、高山水果、中草药、高山蔬菜、富硒大米等周期较短的特色产业，建立了“长产业全覆盖稳定致富、短产业见实效确保脱贫”的特色产业体系，实现了长短结合的可持续增收。

### （二）发展壮大村级集体经济，坚持理念创新是出路

广西村级集体经济普遍属于历史欠账多、自身家底薄的情况，村级集体经济要实现“空壳村”的破壳而出、快速壮大，仅靠传统的手段模式是难以实现的，必须坚持和运用新发展理念，在构建新型城乡关系的城乡融合发展、城乡共建共享中找到更“活”、更开阔的路子。乐业县把城里单位的闲置资产活转起来、把国有农场的“沉睡”基地活用起来，由村集体经营，把各村的集体资金集中起来异地选址建园区、搞产业，使资源要素在市场中得以有效流动、高效聚集和重组优化，快速增强了村级集体经济实力。凤山县按照“政府引导、金融扶持、社会参与、群众自主”的思路，积极筹措财政资金 4 188.5 万元，引入广西万寿谷投资集团有限公司投入资金 2.08 亿元，撬动金融机构发放贷款资金 5 700.39 万元，实现了全县上下“一盘棋”和财政、市场、金融共同支持村级集体经济发展。

### （三）发展壮大村级集体经济，坚持机制完善是保障

推进村级集体经济发展壮大，是一项长期性和系统性工程，是打赢精准脱贫攻坚战和实施乡村振兴战略的重要任务，只有完善机制，才能充分调动起各方资源、凝聚起强大合力。乐业县和凤山县都注重发挥农村富余劳动力在村级集体经济增收中的红利，通过制度上的创新完善，下放项目允许村集体承接当地工程，其中乐业县实现了“一村一公司”、凤山县也引导村民合作社组建施工队伍参与项目施工和管理，扩展了村级集体经济增收渠道。乐业县还通过机制的创新，实现在国有资产改制和盘活中将闲置及利用率低的资产转给村级集体经济组织经营。

### （四）发展壮大村级集体经济，坚持自主发展是前提

村级集体经济立足村集体、依托村集体，在推进村级集体经济发展壮大时，不能由政府大包大揽，不能由企业全盘代替，也不能让村

级集体经济组织坐等分红，必须发挥村集体经济组织的主体作用和主观创造性，走自主发展的道路。乐业县在打造县级集体经济猕猴桃产业园时，创新推行“整个园区统一经营、各村按‘创业园’‘就业园’‘托管园’模式分类管理和收益”的方式，发挥村集体在产业园打造中的作用。凤山县在推行“三种模式”中始终坚持以各类经营主体之间建立相对稳定合理利益联结关系为前提，使村级集体经济直接进入到产业链、价值链之中充分参与、全面共享。

### （五）发展壮大村级集体经济，坚持因地制宜是基础

发展壮大村级集体经济，要坚持从本村实际情况出发，依托本村的资源特色、区位特点、能人情况和产业基础等，因地制宜选择符合自身条件的产业项目和发展模式，探索村级集体资产增值新路径。乐业县把“一村一特色”作为各村的自选动作，加强村级领办产业发展，让村集体有了更大的发挥空间，让各村特色优势得以更好利用，使全县村级集体经济如雨后春笋般纷纷“冒头”，形成了遍地开花的村级集体经济产业集群。凤山县充分利用好村级集体经济发展资本金，对本村有优质项目的则投入本村项目，对本村暂时没有优质项目的则入股全县大的扶贫产业链，因地制宜实现集体经济项目对所有行政村全覆盖。

# Ⅳ 典型篇

# “两化”融合促进乡村振兴的鹿塘样本

## ——玉林市玉东新区茂林镇鹿塘村社区城乡融合典型案例

许忠裕　黎丽菊　邓国仙　梁富华

玉林市玉东新区茂林镇鹿塘村社区位于玉林市郊，地处玉（玉林城区）—北（北流市）同城化的衔接腹地，是“五彩田园”现代特色农业（核心）示范区的核心区。近年来，鹿塘村在玉林市把玉东新区作为统筹城乡试点的改革发展大局中，探索走出了以就地城镇化和农业现代化的“两化”融合促进乡村振兴的特色路径，为广西乃至全国提供了可复制、可借鉴的城乡融合引领乡村振兴的鹿塘样本。

## 一、路径实践

习近平总书记在2018年中央农村工作会议上系统全面地阐述了实现中国特色社会主义乡村振兴的“七条道路”，并把走城乡融合发展之路放在首位。城乡融合发展是构建新时代新型工农城乡关系的根本所在，也是实现乡村振兴的根本出路。玉林市历来是改革工农城乡关系的先行区，其中1988年成为全国第一批农村改革试验区，1994年被列为首批全国农村小城镇综合改革试点，2006年被列为全国九个海峡两岸农业合作试验区之一，2010年被确定为广西首批两个统筹城乡综合配套改革试点之一，2014年被确定为新一轮第二批全国

作者单位：广西壮族自治区农业科学院，广西乡村振兴战略研究会。

农村改革试验区。改革开放以来一直延续的国家、自治区级的新型城镇化、农业农村现代化改革探索，使玉林市有着得天独厚的城乡融合发展沃土。鹿塘村便是在这片沃土上滋生、发展起来的新时代新型农村社区，在 2017 年首次来到广西、落户鹿塘并成功举办的第十七届全国“村长”论坛，更是让鹿塘经验走向全国。

鹿塘村城乡融合发展的路径实践是：抓住统筹城乡发展和“五彩玉林·田园都市”建设的契机，坚持新发展理念，以农村改革为触发，推动将城镇化范围和空间格局下沉到城郊乡村，同步推进就地城镇化和农业现代化的“两化”融合，促进村庄发展与新型城镇化全面衔接，与现代特色农业（核心）示范区建设全面结合，以发展现代农业和改善农村人居环境、提高村民生活质量为重点，合理布局产业，完善基础设施，改善生产生活条件，提升公共服务和治理水平，推进实现城乡融合乡村振兴。

### （一）以“四个提升”推进就地城镇化

结合城郊乡村的特点，鹿塘村通过就地城镇化的方式，以提升规划水平、生态水平、社区化水平、综合服务水平这“四个提升”为重点，推进乡村的基础设施、基本公共服务和社会治理与城镇化进程接轨，实现城乡一体化发展。

**1. 提升规划水平**

充分发挥规划的引领和调控作用，将鹿塘村纳入玉东新区统筹城乡发展试点的“城乡一体化”规划总揽，并作为核心区整体进入“五彩田园”现代特色农业（核心）示范区总体规划，实现县域统筹的多规合一，为城乡融合发展奠定基础。通过更高层次的统筹规划，鹿塘村的空间和功能得到了重新定位，使村庄整体形成了“人工和自然的完美结合”“科学和美感的有机统一”“农业生产和休闲观光的融合”“经济效益、社会效益和环境效益的共赢”的建设格局。

**2. 提升生态水平**

鹿塘村在就地城镇化的建设中更加突出园林化、集约化、生态化和低碳化，2013年以来持续推进了以清洁乡村、生态乡村、宜居乡村、幸福乡村建设以及农村人居环境整治等为活动载体的美丽乡村建设，提升村庄的绿化、亮化和硬化水平。结合“五彩田园”核心区生态功能打造，着力提升农业绿色生产水平和观赏品味，通过土地流转推动传统小农种养转型为花卉、蔬菜、水果、园林、标准化养殖等生态农业示范基地，建设内容丰富、色彩斑斓、生机勃勃的“生态家园”；大力整治周边的采石场、红砖厂、水泥厂、陶瓷厂、养殖场等污染企业，为生态乡村、生态农业和休闲旅游观光的发展创造条件。

**3. 提升社区化水平**

把建设基础设施和公共服务设施放在优先位置，重点建设村级综合服务中心、文体活动中心、图书阅览室、会议室、警务室、老年人活动室、休闲广场、卫生服务站等公用设施以及路、水、电、网等基础设施；结合休闲旅游和居民住宅形式，按照田园乡村特色改造民居民宅，建设荷塘月色、“十谢共产党”红色教育文化长廊等村落景观景点，提升乡村风貌特色；建立“户分类、村收集、镇运输、市处理”的生活垃圾处理体系，污水管道纳入城市污水处理系统，完成改厕改圈改厨，推广使用新能源，实现了村庄“水通、路平、地净、灯亮、景美”。

**4. 提升综合服务水平**

加强基层组织建设，选任有能力、有远见、有责任的人担任鹿塘村社区书记和主任，提升村干部队伍团结带领全村实现振兴的能力水平。大力发展村集体经济，把村集体经济收入中的一定比例收益用于村综合服务开支，提升以村集体为主导的村庄治理和管护能力。依托村级综合服务中心，城区有关职能部门到鹿塘村设立服务站点，提供法律援助、信访接待、人口计生、医疗卫生、社会保障和救助、劳动就业、产权交易、科教文体等服务，实现基本公共服务向鹿塘村的延伸覆盖。提升农业休闲和乡村旅游的公共服务水平，规划建设了公共停车场和公共厕所，设立了客运车辆停车站点，开通了接驳玉林城区和北流城区的公交线路。

### （二）以“三大突破”推进农业现代化

作为“五彩田园”的核心区，鹿塘村在现代特色农业（核心）示范区创建中借船出海，以产权激活、产业融合、机制重构这“三大突破”为主线，促进动能激发、业态升级和利益联结，加快推进农业现代化。

**1. 确权入市，从“弱”到“强”的动能激发**

鹿塘村把农村产权制度改革作为发展新动能激发的关键，早在2014年便完成了以还权赋能为基础、以农地入市为目的的农村“六权”（农村集体土地所有权、土地承包经营权、集体建设用地使用权、集体建设用地上房屋所有权、林权、小型水利工程产权）确权登记颁证工作，成为玉林市以及全广西率先实现农村“六权”确权登记颁证的村屯之一。通过确权解决了村民农地入市的后顾之忧和经营主体流转经营的权能问题之后，鹿塘村土地要素的资源动力和人力要素的内生动力得到全面激发，土地得以集约起来发展现代农业，农民得以从种地中解放出来参与园区二三产业经营。为了更好地把农村产权推向市场，405名村民改变传统经营理念，将水田142.86公顷、林地17.27公顷进行股份合作，组建了玉林市首家土地股份合作社，并以土地股份合作社名义积极对接市场，以土地入股、流转发包等形式与进入“五彩田园”的经营主体合作开展现代农业开发。目前，全村土地流转率高达100%，大部分村民都“洗脚上岸”成为农业现代化的产业工人或从事农村服务业。

**2. 三产融合，从“一”到“六”的业态升级**

鹿塘村把一二三产业融合发展作为重构现代农业体系的核心，将村民原来的种养农业通过土地流转整体融入“五彩田园”现代特色农业（核心）示范区建设，以项目招商引进新型经营主体重新开发高科技、高效益、高集约的新产业，推动从原先仅有一产逐步向“一产＋二产＋三产”的新“六产”业态升级，实现了附加值增加、价值链相扣、综合效益提升的产业融合发展。一方面，对一产的特色种养进行标准化、产业化、科技化提升，如引进隆平高科、中农富玉等创新型企业打造了超级稻示范基地、海试区核心区科技种植示范基地等高科技示范基地，引进玉林发东等产业化龙头企业发展了龟鳖生态养殖基地等标准化种养基地，联系广西农科院等科研机构的专家对全村荔枝、龙眼等传统产业进行品种改良。另一方面，发挥作为“五彩田园”核心区的优势，将园区平台对资金、技术、人才、新型经营主体等的集聚效应引向新产业打造和新业态培育，推进农业与前后环节、上下游产业连接，重点瞄准休闲农业、乡村旅游、农村电商、实训培训等方面突破，已有农业嘉年华（中国现代农业技术展示馆）、樱花园、隆平高科援外实训中心、耕读山庄、生态餐厅、鹿塘村饭堂等一批产业融合项目在鹿塘村落地，不少村民则借机经营起了农家乐、民宿、采摘园等农旅项目。特别是在农村电商发展方面，建设并上线了淘宝特色中国玉林馆，沿园区主干道打造了东盟土货街，全村 102 户村民每家还腾出一间空房子简单装修后作为开展民宿经营、旅游推介、土货展销等电子商务的场所，2015 年 12 月中国电子商务协会授予鹿塘村“中国电商旅游第一村”荣誉称号。

**3. 机制重构，从“散”到“紧”的利益联结**

有了“活”的产权、好的产业，鹿塘村还在机制重构上大胆创新，更加突出小农户、村集体在农业现代化建设中发挥主体作用和共享发展成果，实现了从“散”到“紧”的利益联结。一是从土地的分散到土地与市场的紧密联结。鹿塘村快速、全面地完成农村土地确权后，依托玉林市农村产权流转交易市场，引进新型经营主体根据市场选择项目进行经营，跳出了单家独户生产经营的小打小闹闯市场的局面，实现了多种形式的适度规模经营和土地高效利用。其中，整合 11.87 公顷土地入股参与“五彩田园”农业嘉年华项目，建成了全国面积最大、技术领先的现代农业技术展示馆，既带旺了以鹿塘村为核心区的乡村人气及旅游周边产品，又实现了“农民变股东”的旅游分红收益。二是从小农户的分散到小农户参与园区建设的紧密联结。鹿塘村村民在将土地流转出去后，除少数进城打工外，大多数选择了就地就近就业创业，包括为园区建设项目提供劳务输出、出租空余农房发展旅游经济或自主经营民宿、农家乐等配套产业，村民们以园区建设者的身份在产业链、价值链中共享城乡融合发展红利。三是从单家独户的分散到集体经济的紧密联结。鹿塘村大力发展了村集体经济，结合园区旅游业发展的市场需求，整合利用集体经营性建设用地开发了物业停车场项目，实现了村集体经济从无到有的零的突破，目前村集体经济年收入已达 70 万元。在紧密联结的发展建设机制中，鹿塘村村集体和村民的利益都得到了最大程度的保障，村民通过当职业农民领工资、以土地入股领分红、发展周边产业当老板等，获得了土地流转金、劳务薪金、房屋租金、旅游服务产品收入等多重收益。在 2015 年“五彩田园”开园运行的第一年，包括鹿塘村在内的园区村庄农民人均可支配收入就达到 11 000 元以上，且近年来一直明显高于玉林市和广西的平均水平。

## 二、主要创新

鹿塘村“两化”融合促进乡村振兴的主要创新，在于紧紧围绕规划、产业、形态这三个核心方面的融合，将就地城镇化与农业现代化的“两化”进程有机协同推进，探索出了一条规划为先、产业为基、形态为貌的城乡融合乡村振兴之路。

### （一）突出规划的融合，一张蓝图绘“五彩”

鹿塘村走出“两化”融合促进乡村振兴之路，首先得益于有着高水平的规划作为引领和统筹。“五彩田园”在规划建设时，按照标准化、规模化、品牌化、特色化、生态化、田园化的“六化”要求，从“山水田林路、一产二产三产、生产生活生态、创意科技人文”等多个维度进行打造，绘就了“现代特色农业出彩、新型城镇化出彩、农村综合改革出彩、农村生态环境出彩、农民幸福生活出彩”的“五彩”蓝图，着力打造成为“现代特色农业典范、新型城镇化典范、农村综合改革典范、美丽乡村典范、城乡统筹发展典范”的“五个典范”。鹿塘村作为核心区进入到“五彩田园”的建设规划之中，村庄的振兴发展作为“五彩田园”发展的核心内容绘到一张蓝图里，使鹿塘村得以通过高位规划的形式来明确全新定位，其就地城镇化和农业现代化得到高起点的同步规划建设以及高标准的同期有效推进。

### （二）突出产业的融合，两手发力育“新产”

鹿塘村走出“两化”融合促进乡村振兴之路，还在于突出了城乡产业的融合，从“城”和“乡”的两手发力，培育城乡融合发展下的新产业新业态。在推进产业的融合时，跳出农业看农业、跳出农村看农村，立足城乡一体化的发展大格局，利用现代特色农业（核心）示范区的建设大平台，既考虑城市产业的辐射配套、又考虑乡村产业的振兴崛起，既利用城镇化释放的空间潜力、又发挥农业现代化拓展的功能张力。鹿塘村灵活根据城乡功能互补需求，用就地城镇化来衔接中心城区产业外延、人口外溢，用农业现代化来重构村庄自身产业内核、功能内涵，培育发展了现代农业示范、都市休闲农业、乡村旅游、民宿电商、特色农产品线下体验中心等产业融合、产村融合新业态，成为玉林市的现代农业发展展示窗口和城市后花园。

### （三）突出形态的融合，三生同建构“公园”

鹿塘村走出“两化”融合促进乡村振兴之路，其坚持了美丽乡村与现代农业园区的融合，生产形态、生态形态、生活形态高度统一，宜居、宜业、宜游融为一体。在突出形态的融合时，一方面，通过推进就地城镇化补短板，破解城乡发展不平衡的问题；另一方面，通过推进农业现代化强根基，破解乡村发展不充分的问题。在花大力气着力提升鹿塘村的规划水平、生态水平、社区化水平和综合服务水平，推进基础设施、基本公共服务和社会治理实现与城镇互联互通的同时，大力发展“一产＋二产＋三产”的新“六产”，村庄的宜居指数大幅提升、生态环境明显变好、现代产业高质量发展，村里人愿意留下来，城里人也愿意到乡村来，还带活了乡村外围产业、带旺了乡村人气。鹿塘村的“两化”融合实现了生产、生活、生态同步建设、协同发展，获评为“中国美丽休闲乡村”，以鹿塘村为核心区的“五彩田园”还成功创建成为广西首个“中国农业公园”。

## 三、突围逻辑

从鹿塘村“两化”融合促进乡村振兴的深层次发展路径来看，其突围逻辑抓准了“两化”的耦合点、立足点和引爆点，激活了乡村发展的动力，突出了乡村振兴的主力，挖掘了城乡互动的潜力，促进了城乡的融合发展和乡村的全面振兴。

### （一）“两化”的耦合点在农村改革

鹿塘村的就地城镇化与农业现代化的“两化”融合，是以农村改革为耦合点来触发的，农村改革为就地城镇化提供了需求、为农业现代化奠定了基础。从就地城镇化来看，通过农村改革，完成了农村“六权”确权登记，加速了农村土地等入市流转交易，释放了农村“钱、地、人”的活力，激活的农地、农房、建设用地重新规划高效利用，解放的人力转移进城或就地成为职业农民或担当农村服务业从业人员，吸纳的资金有力地支持了乡村建设和人居环境改善，为鹿塘村的“三生同建”创造了有利条件。从农业现代化来看，通过农村改革，将农村土地这一农村最大的资源变活，以土地来对接市场，使城市工商资本、金融、人才等资源要素与农业农村紧密地联系在一起，进一步催生农业适度规模经营，拓展丰富现代农业业态，农民也从“拽紧”产权中摆脱出来从事休闲、民宿、电商等多种业态的发展经营。

### （二）“两化”的立足点在农村农民

鹿塘村将“两化”融合的立足点落在了农村农民，以农民最终获益和农村实现振兴为发展目标，充分地保留了乡村的形态、拓展了农业的业态、增强了乡愁的根脉以及坚持了农民的主体。其就地城镇化，不是以城市扩张来达成转“村”为“居”的简单城镇化，而是保留了乡村的特点；其农业现代化，也不是简单的农业产业化、规模化、集约化，而是突出了产业的融合。此外，村集体和村民在“两化”融合中也始终发挥着主体作用，以对自身发展的强烈诉求转化为破除发展困境的持续原动力和良好执行力，主动争取成为“五彩田园”核心区、顺利率先完成农村产权制度改革、首先创新成立土地股份合作社等一系列主动作为，为就地城镇化和农业现代化的顺利推进以及项目落地提供了有力保障。鹿塘村“两化”融合振兴发展的过程从始至终地发动村民、依靠村民、带富村民，真正实现了农村是幸福生活的家园、农业是有奔头的产业、农民是体面的职业。

### （三）“两化”的引爆点在农业现代化

农村的发展、乡村的振兴不能仅仅依靠新型城镇化的外力拉动，必须找到乡村持续发展的内生动力。鹿塘村在推进乡村振兴中，把城乡融合发展的引爆点放在农业现代化上，同步推进乡村产业发展与就地城镇化进程互动，促进城市要素往乡村的流动以及乡村自身资产资源的激发，全面加速了城郊乡村与城市经济圈的产业融合、功能衔接、发展联动，有效实现了以农业现代化承载新的要素（如工商资本和金融下乡，产业链、价值链与创新链的闭合），带来新的人流（如村民回归和市民下乡），引爆新的发展。如农业嘉年华项目是“五彩田园”的核心项目，也是鹿塘村土地入股参与的农业现代化项目，开园后立即成为“五彩田园”的最靓名片和乡村旅游的新热点，从2015年开园至今每年吸引游客超100万人次、旅游及其周边产品年收入达600万元以上。

# 走出美丽转身　实现持续振兴发展

## ——恭城瑶族自治县莲花镇红岩村美丽乡村典型案例

陆翠萍　张　棵

红岩村是广西桂林恭城瑶族自治县莲花镇竹山村所辖自然村，距桂林市 123 千米，距恭城县城 14 千米，有农户 118 户共 422 人，85%以上的居民为明末清初从广州等地迁至莲花镇的朱氏后代，其中瑶族人口占 98%之多。红岩村在发展过程中，跳出传统观念，转变发展方式，充分挖掘生态资源，培育发展产业，规划建设新农村，实现了产业旺、村民富、村子美的美丽转身，成为全国慕名的美丽乡村，成功将“中国十大魅力乡村”“中国村庄名片”“中国少数民族特色村寨”“全国文明村”“全国生态文化村”“全国绿色家园奖”等荣誉称号集于一身。

## 一、改变之路：“三步”向前走出美丽乡村

红岩村原是世代以农耕为主的广西少数民族传统村庄，村民祖祖辈辈主要以种植稻谷、玉米为生，经济发展落后，是个典型的“吃粮靠返销，花钱靠借款，生产靠救济”的穷困小山村。穷则思变，变则通，通则久。20 世纪 90 年代以来，红岩村做出了第一次改变，实现了第一轮的发展，即通过育产业、建新村、搞旅游“三部曲”，从一

---

作者单位：广西壮族自治区农业科学院。

个名不经传的喀斯特石山旧村摇身蜕变为“中国十大魅力乡村”的美丽村落。

**第一步，育产业**

20世纪90年代开始，红岩村主动融入全国农产品区域布局调整，结合自身喀斯特石山的特点，将生态涵养与产业开发结合起来，确立了水果兴村的发展思路，整村发展生态种果（月柿），探索形成“养殖—沼气—种果”三位一体的生态循环农业模式。在发展新产业过程中，红岩村紧紧依靠科技进步，村民主动学习掌握种植、施肥、剪枝、防病、护果等月柿优质高产管护技术，种出的月柿品质好、产量高，也以此收获了产业发展的“第一桶金”。在此基础上，红岩村20多年来一直不断升级月柿产业，延长链条、拓展产品，建成总面积800公顷的绿色食品（月柿）标准化生产示范基地，在全县率先推行月柿标准化种植，并开发出脆柿、柿饼、柿叶茶等系列产品，倍受市场的青睐，远销全国各地，其中半数的柿饼出口到了韩国和东南亚。从零散种植到标准化规模种植，从单一产果到复合加工和品牌营销，从“一次元”业态到“三位一体”生态循环，红岩村在产业培育壮大的道路上跟上了现代特色农业发展的进程，依靠科技选准了产业、做优了产品、创新了模式，一举打造了“月柿”这一优势主导产业，稳稳地牵住了增收致富的“牛鼻子”。月柿产业的培育发展，打牢了红岩村美丽乡村建设的基础。

**第二步，建新村**

在通过种果提高了收入、解决了温饱等基本问题以后，改善生活环境就成了红岩人的“心头事”，村民建新房的愿望越来越强烈。2003年初，为改变过去“有产业、没新村”的状况，红岩村积极响应县委、县政府关于建设富裕生态家园新村的号召，决心全力打造全镇乃至全县富裕生态家园新村示范点。红岩村通过“政府贴息贷款+村民自筹资金”的方式，根据“高起点、高标准、高质量、高要求”的统一规划建设要求，按照“养殖—沼气—种植”三位一体的生态家园模式，分两批建起了花园式联排小别墅80多栋，进行了改水、改路、改房、改厨、改厕的“五改”，建成了村级服务中心、文化广场、灯光篮球场、环形村道、一体化生活污水处理站等公共设施，一个果红叶绿与白墙灰瓦融为一体、生态家园与绿水青山交相辉映的瑶族美丽村落全新展现在世人面前。红岩村以其崭新、统一、特色的新村风貌，迅速成为广西乃至全国乡村建设的一张靓丽名片。生态家园的建设升级，提升了红岩村美丽乡村建设的品牌。

**第三步，搞旅游**

产业有了、新村有了以后，红岩村没有停下发展的脚步，依托靠近桂林市和毗邻广东省的区位条件，继而开发生态、休闲等美丽乡村多重功能，大力发展乡村旅游，村民家家户户搞起了农家乐、餐饮、民宿等。为了丰富乡村旅游特色，红岩村积极争取上级各部门的大力支持，新建了瑶族特色风雨桥、滚水坝、过坝梅庄等休闲景观，修建了观景亭台、旅游登山小道、停车场、公共厕所等配套设施，不断优化村庄环境。为了提升市场开发能力，红岩村村委发动村民以 2 000 元为一股，自愿集资组建了红岩旅游开发有限公司，加强旅游接待和经营培训，完善市场开发与管理体系，不断优化服务质量。红岩村的农业生态乡村游很快驶入了快车道，早在 2005 年就成为大桂林旅游圈唯一一个农民自己经营的“全国农业旅游示范点”，300 多位村民在种果之余直接加入了旅游经营行业，成为全国最早的民宿旅游旺地之一。现在，全村 80 栋房子都开办了乡村民宿，拥有客房 300 多间，餐馆超过 50 家，旅游产业越办越红火，旅游带动特色农产品销售增收越来越可观。红岩村村民通过月柿种植、加工销售以及农业生态旅游，年收入最高可达到 10 万元左右。乡村旅游的发展，激发了红岩村美丽乡村建设的活力。

## 二、演变之态：“三态”升级构筑美丽乡村

党的十八大以来，特别是乡村振兴战略重大部署实施以来，红岩村与时俱进，加速了新一轮发展，以生态为基，业态为支撑，推动多

维振兴的形态升级，三态联动，内外兼修，实现了美丽乡村由内而外的再次升华。

### （一）久久为功的生态为基

自20世纪90年代以来，红岩村历任村书记、村主任，一张“生态蓝图”描绘到底，换届换人不易帜，更无“前人种果、后人砍树”之事，走出了一条生态立村的绿色发展之路。生态文明建设在党的十八大纳入中国特色社会主义建设“五位一体”总体布局，“绿山青山就是金山银山”的理念在全国各地转化为一个又一个生动实践，已经获得多种荣誉的红岩村把握时代脉搏，顺应时代潮流，乘势而上，继续做好“生态”文章，绘就“美丽”图景。从2013年起，红岩村以广西在全区开展“美丽广西”乡村建设为契机，大力推进了清洁乡村、生态乡村、宜居乡村和幸福乡村的持续建设，大力开展了农村人居环境整治和乡村风貌提升，生产生态生活环境得到了进一步的改善和提升，宜居宜业宜游指数大幅度提升。在久久为功的生态家园新农村建设中，红岩村始终坚持把生态融入和贯穿到特色产业开发、新村新貌建设的全过程，注重保护、利用、提升依山傍水的良好生态景观，发挥生态、产业优势做强乡村旅游，从而实现了生态资源化、资源经济化、经济生态化的人与自然和谐发展。

### （二）高质量发展的业态支撑

红岩村从一开始就确立了产业兴村的加快发展思路，对产业业态的升级一直没有间断，从一产拓展到二产，又连接到三产，逐步实现了种植、加工、旅游的一二三产业融合的高质量发展。在高质量发展的具体模式创新上，党的十八大以来，红岩村推动“三位一体”生态农业产业链向农产品加工和生态旅游延伸，昔日“养殖—沼气—种果”现已全新升级为“养殖＋沼气＋种果＋加工＋旅游”的“五位一体”模式，以红岩村为核心区的恭城瑶族自治县甜蜜柿业核心示范区2019年通过自治区核验评为五星级现代特色农业（核心）示范区。

在应对市场需求的加快转型升级上，党的十八大以来，红岩村对餐饮、住宿、观光这种传统的农家乐形式进行了升级，推进乡村旅游往大健康、大生态以及农文旅、农教旅结合方向发展，获批了中共中央组织部、农业农村部农村实用人才带头人和大学生村官培训示范基地并每年承接全国培训班，以红岩村为主要核心区之一的莲花镇中国月柿特色小镇建设正加快推进。在美丽乡村建设的品牌打造宣传上，红岩村依托优美的自然景观、生态的村落环境、秀丽的柿林风光和独特的瑶乡民俗等资源，以节为媒，自 2003 年起已成功举办 16 届桂林恭城月柿节，打响了“品瑶乡月柿、赏柿园风光、喝恭城油茶、住生态家园”的美丽乡村金字招牌。

### （三）多维振兴的形态升级

新时代的红岩村以“村庄规划协调美、村容整洁环境美、村强民富生活美、村风文明风尚美、村稳民安和谐美”为“美丽”定位，更加注重内涵提升上的内外兼修，近几年逐步从重视产业发展、村貌美化进一步拓展延伸到文化、治理、人才多维振兴的乡村形态升级。一是注重文化内涵发掘。在农耕文化开发上，对有 400 余年栽种史的恭城月柿进行产业文化的品牌开发，规划建设了红岩柿子博览园，提升月柿产业的文化内涵；在乡土文化传承上，秉承“修旧如旧”的原则，对村内现存 10 座百年朱家老宅、60 座独立老房子、一批百年老柿树园及拴马石、牌匾文化等古遗迹进行保护开发，留住古貌古韵，留住乡情乡愁。二是提升乡村治理水平。组建了村民理事会、水果销售协会、生态旅游协会、村治安联防队等村民自治组织，推行村级重大事项议事制度，对全村事务实行公开民主管理；全村集体讨论制定了村规民约，谱写“三字歌”，倡导“三心三治一守”（忠孝心、敬畏心、互助心，自治、法治、德治，守规矩），弘扬家风家训，营造了民风正、民心纯、民情浓的乡风文明发展氛围。三是强化组织人才引领，充分发挥村党支部作为“火车头”的作用。选举有能力、能干事、思路活的带头人担任村支部书记，现任村支部书记朱培民从普通村民到一般村干、再到村主任村书记，十多年如一日凝聚带领全村村民建设家园、振兴村庄，红岩村党支部先后被评为国家级、自治区级、桂林市级的先进基层党组织。美丽红岩的建设发展成效，近年来也吸引了不少外出务工、读书的本村人陆续回乡创业就业。

## 三、蝶变之成："三美"汇聚绘就美丽乡村

红岩村之所以能够完成美丽乡村的最终蝶变，并且在美丽乡村建设的道路上越跑越快、越来越美，成为广西乃至全国推进乡村振兴的实践典型，既是党和国家高度重视乡村发展及其村集体自身持续奋斗的结果，更得益于理念上的不断创新，坚持和运用了各美其美、美人之美、美美与共的发展理念。

### （一）各美其美

红岩之美，源自各美其美。一方面，红岩村突出乡村自身的特点、特色，主动融入新型城镇化进程之中，注重在功能上与城镇互补，突出后花园定位和原味乡根、浓浓乡愁，实现乡村自身、乡村与城镇的各美其美，共同构建形成了城乡发展互动、协调、融合的新型城乡关系。另一方面，红岩村建设发展过程中，充分依托和发挥了农民的主体作用，村民都充分参与到美丽乡村建设之中，家家户户都主动出资参与旧村改造，全村统一产业更新、村貌换新、乡风易新，村民之间各美其美。

### （二）美人之美

红岩之美，成于美人之美。红岩村在发展的进程中，没有把自己孤立起来兴产业，没有关起门来建新村，而是充分运用新发展理念，把工业化的、信息化的、城镇化的发展成果融合运用到新农村建设之中，在美人之美中成就了不断前行的美丽乡村。传统月柿种植业发展起了产品加工，柿饼借助电商畅销全国各地，月柿节搭上互联网吸引

来大批游客，一二三产业在红岩村融合发展助力红岩村产业之美、生态之美、旅游之美更上一层楼。红岩村建设“三位一体”“五位一体”的生态家园，围绕“十化”标准（交通便利化、村屯绿化美化、户间道路硬化、住宅舒适化、厨房标准化、厕所卫生化、饮用水无害化、生活用能沼气化、养殖良种化、种植高效化）改造村庄人居环境，既让村里人过上了宜居宜业的生活，也让城里人来到红岩村能够感受到舒适体验和乡土风情。

### （三）美美与共

红岩之美，造就美美与共。美丽乡村建设，是推进乡村振兴的有效路径，是加快城乡融合的合适载体。红岩村建设美丽乡村，让城里人有了“下乡”的去处，让城市工商资本有了进入农业农村的载体，城镇与乡村以美丽乡村这种形式建立起了联系更紧密、关系更融洽的城乡融合发展格局，促进了城乡的共美。通过发展生态产业、建设生态家园，让游客感受到乡村的美、农业的美；通过美丽乡村的吸引，城里人和农村人交融在一起，城里人从乡村旅游中感受到浓浓乡愁，农村人从城里人旅游消费中获得收入，城里人得到了心灵上的充实和回归，村里人得到了生活上的殷实和富裕，城乡人民日益增长的美好生活需要都得到进一步满足，城乡实现了美美与共。

# 踏准时代节拍　绘就美丽南方别样风景

## ——南宁市西乡塘区石埠街道忠良村乡村旅游典型案例

张宗文　黄　智　卢庆南　周保吉　汪羽宁

蜿蜒的邕江宛如一根玉带，将南宁市西乡塘区石埠半岛绕成“钱袋子”状，而忠良村就在“袋子”的中心。忠良村的乡村旅游发展和“美丽南方”密不可分，从2004年石埠“美丽南方”忠良景区筹建、2006年揭牌运营，到2014年成为自治区级现代特色农业（核心）示范区，再到2017年升级为国家田园综合体建设试点，忠良村作为“美丽南方”的前身和核心区，踏着时代的节拍在一路成长、跨越，绘就了以乡村旅游促进乡村振兴的别样风景。

## 一、忠良村发展乡村旅游的路径实践

### （一）困境——面临城郊农村的消亡通病

现在风光旖旎、景色缤纷、令人向往的忠良村，过去也曾是一个经济比较落后且脏、乱、差的村庄：村内垃圾随处可见，村民饲养的家畜产生的粪便随意排放，道路系统不完善，硬化路面少；村民休闲生活单调，无集中活动场所，缺少商业服务设施、文化站等公共设施；农户庭前院后种植农作物杂乱无序，村内各类用地布局混乱，土地利用率低；靠人均一亩多地发展传统种植很难致富，大部分中青年

作者单位：广西壮族自治区农业科学院，广西壮族自治区农业科学院农业科技信息研究所。

都选择了进城务工。忠良村一度面临着沦为“空心村”的困境。

### （二）求变——探寻乡村旅游的发展出路

2006 年，随着中央 1 号文件全面部署推进社会主义新农村建设，乡土气息浓厚，自然风景秀丽，拥有着土改、知青、稻作等文化底蕴，以及有着广西首府城市郊区的区位优势的忠良村，抢抓新农村建设的大好机遇，把自身发展乡村旅游的天时地利转化成了实实在在的“美丽南方”忠良景区，至此开始了以乡村旅游引领村庄建设的发展变迁之路。以党员村干部梁安芝为代表的部分村民，带头创立了忠良村第一批 4 家农家乐，并从旅游收入所得中拿出部分资金作为环卫经费维护村庄环境卫生，还积极申请自治区和南宁市的新农村示范建设项目资金修缮村内道路、小广场等基础设施，“美丽南方”忠良景区也逐渐成为南宁市民周末休闲的选择之一，忠良村的乡村旅游产业初步形成。

但是，发展转型、产业起步的阵痛期在所难免。在探寻乡村旅游发展的过程中，以梁安芝等创立的农家乐为缩影，忠良村遇到了产业持续的瓶颈和发展路径的徘徊。首先，由于大部分村民尚处于观望状态，对发展乡村旅游的思想不统一、行动不一致，没有形成整村氛围和整体定位，部分村民的不理解也造成一定的内部阻碍；其次，由于当时忠良村的乡村旅游内容较为单一，仅提供餐饮和简单初级的休闲产品，难以体现出乡村生活的乐趣，与南宁市的“八桂田园”、周边的扬美古镇等同样主打乡村旅游的景区相比，缺乏市场竞争力。此外，受限于自然环境、村容村貌等影响，忠良村的乡村旅游资源缺乏延续性和拓展性，旅游吸引力的季节性差异明显，例如观光果园在夏秋佳果期间游人较多，而冬季则门庭冷落。

### （三）转型——乡村休闲结合农业园区观光模式

2013 年，经历农家乐经营受挫的忠良村，再次抓住南宁市以西乡塘区石埠半岛为主要区域大力创建广西现代特色农业（核心）示范区的契机，动员、组织全村村民将村里的土地流转给园区项目业主，以建设“乡村休闲农业观光旅游综合示范村”的全新定位积极参与到示范区创建之中。2014年，“美丽南方”休闲农业（核心）示范区成功创建成为广西第一批自治区级现代特色农业（核心）示范区，忠良村升格成为“美丽南方”休闲农业（核心）示范区的核心区。

忠良村在乡村休闲农业观光旅游综合示范村和“美丽南方”休闲农业（核心）示范区核心区创建中，大力发展蔬菜、花卉、水果、水产等特色农业产业，陆续引进了玫瑰园、灵湾菜园、特色水产养殖园、台湾水果园、葡萄园、竹园、木瓜园、凤凰园等10多个园区；大力整治乡村环境，推进路、水、电、网、通信等基础设施建设；同时，挖掘丰富的文化底蕴，对旧村96栋古宅修旧如旧，保留了村庄里原有的土改文化、知青文化和农耕文化，并规划建设了古风南韵风情村、开心农场游乐园、科普体验百果园、绿色蔬菜种植园和南国玫瑰种植景观园等休闲项目。在西乡塘区政府的大力推动下，忠良村的乡村休闲农业观光旅游综合示范村建设成效显著，由昔日的小村庄蜕变成了秀美静谧的江南村落，成为一个远近闻名的休闲旅游景区。伴随着乡村旅游的发展，忠良村的农家乐也如火如荼地开展起来，全村现已逐渐发展到30多家，村民们开始全面享受到乡村旅游带来的红利。忠良村的乡村旅游实现进一步扩容，成功转型为乡村休闲结合农业园区观光的模式。

### （四）跨越——进阶农文旅融合的田园综合体

经历了乡村旅游转型发展的忠良村，先后被评为“全国文明村”“中国乡村旅游模范村”“中国最美休闲乡村”“中国美丽宜居村庄”“全国生态文化村”。以忠良村为核心区的“美丽南方”在2017年凭借深厚的文化底蕴、突出的区位优势、明显的产业特色和扎实的科技基础，成为国家首批田园综合体试点。

忠良村依托“美丽南方”国家级田园综合体试点建设，推进高标准农田项目建设，引进产业化项目开发，并把生产、生活、生态、文化融入到乡村旅游之中，发展民宿、文旅、创意农业、庭院经济、农村电商的乡村旅游新经济新业态，进一步走上了农业文化旅游“三位一体”、生产生活生态“三态融合”的振兴发展之路。忠良村通过深挖田汉、陆地等文化艺术家组成的“省直土改第二工作团”到美丽南方参加土改的红色文化，建成土改文化和知青文化展示馆、生态环境科普教育馆等，传承发展“农业＋文化”根脉，促进“农业＋红色文化＋旅游”融合发展的乡村旅游内涵升级；通过运用大数据和互联网技术建设智慧旅游服务平台，逐步实现一站式旅游服务、景区资源数据管理、旅游数据资源分析、智慧导航助手等，实现导游、导览、导购，人流、交通的智慧疏导，以及信息的及时发布、推送和安全预警等，全面提升乡村旅游服务体验和农文旅产品宣传推广；通过举办中柬情—金沙湖元旦嘉年华、美丽南方休闲农业嘉年华、第八届南宁国际山地自行车越野公开赛、美丽南宁蔬菜新品种展示会、西乡塘区首届农民丰收节、南宁市中小学生研学教育等活动，以“乡村旅游＋民俗节庆＋农产品展会＋农耕教育传承”等多样化形式提升乡村旅游的发展活力。2017 年，忠良村景区累计接待游客超 150 万人次、旅游综合收入约 7 000 万元；在乡村旅游的支撑带动下，2018 年忠良村农民人均可支配收入达 15 960 元，高于全国平均水平 1 343 元，高于广西平均水平 3 525 元，忠良村人实现了乡村旅游致富奔小康的美好愿景。

## 二、忠良村乡村旅游发展的模式解构

### （一）发展理念

实践的发展，离不开理念的更新。好生态、好产业、好民生的有机统一，是忠良村人一直都在追寻的发展愿景。忠良村在探索乡村发展道路的时候，始终坚持与时俱进的思变精神和创新、协调、绿色、开放、共享的新发展理念，紧扣时代发展每个阶段的主旋律，踏着社会主义新农村建设、现代特色农业示范区创建、田园综合体试点的时代发展节拍筑梦乡村旅游。在找准乡村旅游作为发展破局的路径选择以后，忠良村一步一个脚印地从困境走到出路，从转型走到跨越，从前期单打独斗的农家乐小旅游，脱离村庄整体发展而引发一系列问题出现，逐渐转变为强调以旅游带动环境改善、风貌提升、经济发展，以旅游激活农村创业创新、引领乡村开放发展、共享城镇化进程红利，践行了生产、生活、生态“三生同步”，实现了以乡村旅游促进乡村振兴的成功实践。

## （二）产业范式

忠良村以发展乡村旅游为核心，强调文化为魂、产业为根、生态为基，以农文旅的“三位一体”和农村一二三产业的“三产融合”打造乡村旅游大产业、全面振兴新乡村。在产业链条的构建上，把村民自家的民宿、农家乐、庭院经济、农业耕作等与田园综合体的休闲、观光、研学等旅游项目开发串联起来，让村民进入乡村旅游大链条直接参与市场经营；把村庄独特的知青文化、土改文化、乡愁文化、饮食文化与田园综合体的内涵提升、乡愁还原、农耕传承、节庆打造等多重功能拓展结合起来，让村庄成为乡村旅游大链条的重要节点。现如今，作为广西五星级乡村旅游区的忠良村，其乡村旅游已逐步实现特色化、产业化、集聚化，成为农文旅融合的综合体，成为都市经济圈后花园式的旅游地，走出了一条以乡村旅游促进乡村全面振兴的宽阔大道。

## （三）主体行为

### 1. 发展背后的群众智慧

主动求变，谋划发展。产业富民方面，村集体引入大型农业、旅游开发公司，有序高效开发村庄旅游资源；村民还自发组织成立广西福轩良农业开发有限公司，整合盘活集体资源，积极挖掘农业体验和旅游发展潜力，大力发展研学经济、考察经济和会议经济。文化传承方面，大力发掘土改文化、弘扬知青文化、保护古建筑文化和开发乡村旅游文化，成立村文艺队、大鼓队、平话山歌队在节日、节庆活动中开展民俗和传统文艺表演。乡村治理方面，加强村“两委”火车头作用，吸引新乡贤到忠良发挥作用，制定实施《忠良村村规民约》，建立健全村屯建设和管理的长效机制，营造和谐、文明的乡村旅游软环境。村容环境方面，村民自始至终自愿报名参与村屯的绿化、环卫等改造工作，共同建设绿色、干净、整洁的生态宜居乡村。

**2. 紧扣时代的借船出海**

紧扣契机，借船出海。忠良村从 2006 年打造“美丽南方”忠良景区到现如今建成广西五星级乡村旅游区，善于把握时代机遇，始终紧扣发展主题，其乡村旅游发展一路走来顺应了社会主义新农村建设、“美丽广西”乡村建设、南宁市城乡统筹发展综合示范村建设、广西现代特色农业（核心）示范区创建、国家级田园综合体试点等时代潮流和重大部署，在政府引导、政策利好、市场跟进、社会关注的发展浪潮中巧妙借船出海，实现了从产业小到业态优、从单纯产业目的到乡村迈向振兴的进阶跨越。

**3. 持续发力的久久为功**

持之以恒，不断探索。从 2006 年至今，忠良村一直在探索乡村旅游发展的道路上持续发力，期间实现了三次主要进阶。第一次进阶，是从 2006 年开始，忠良村抓住国家层面开启新农村建设的时代机遇，主动求新求变，开始走上以农家乐为主要形态的乡村旅游路子，初步建成公共基础设施改善、生态环境变好的新农村。第二次进阶，是从 2013 年开始，忠良村抓住党的十八大提出“建设美丽中国”以及自治区党委作出“美丽广西”乡村建设部署的时代机遇，以广西现代特色农业（核心）示范区创建为主抓手，推进产业升级、生态升级、模式升级，基本建成乡村休闲农业观光旅游综合示范村。第三次进阶，是从 2017 年开始，忠良村抓住党的十九大提出实施乡村振兴战略的时代机遇，以国家级田园综合体试点建设为抓手，打造农业、文化、旅游融合发展的乡村旅游全新形态，走上了农业文化旅游“三位一体”、生产生活生态“三态融合”的振兴发展之路。

### （四）模式总结

忠良村以时代发展机遇为引领，坚持生产、生活、生态“三生同步”的发展理念，以发展乡村旅游为驱动，以建设现代特色农业为根本，以保护生态环境为基础，挖掘知青文化、土改文化、乡愁文化、饮食文化等浓浓乡愁，重塑了乡村的产业功能和产业价值，重建了乡村的外在形象和内在品质，推动了以农文旅结合为核心的农村一二三产业融合发展，是以乡村旅游促进乡村振兴的典型代表。

## 三、“忠良模式”的再思考

“忠良模式”的形成，既有探索初期的困境和徘徊，也有持续深化的成效和借鉴，是具备成功经验的实践路径，有必要对其做进一步的深入思考，重新认识其内涵、特质和成功的一般规律，从而成为其他地区以发展乡村旅游促进乡村振兴的“他山之石”。

### （一）乡村旅游发展路径的“三重”

从忠良村的发展历程来看，既有着重塑乡村的产业价值和产业功能，也有着重构乡村的空间结构和组织结构，还有着重建乡村的外在形象和内在品质，这“三重”是忠良村谋划乡村旅游发展路径的核心，也是忠良村发展乡村旅游的综合目标。

第一，乡村旅游的产业价值和产业功能，不应是单纯追求经济效益，其价值和功能应该是包含多个层面的。从忠良村的案例来看，乡村旅游的价值和功能，既体现在通过乡村旅游的发展来实现产业兴旺和农民增收；也体现在通过发展乡村旅游，实现了乡村传统文化的传承和发扬，实现了农村公共服务的提升和发展，实现了农村人居环境的治理和改善。因此，乡村旅游的发展，应实现经济、文化、生态、社会等多重价值和多种功能上的统一。

第二，重构乡村的空间结构和组织结构，是乡村旅游的另外一个重要功能。忠良村地处城乡交接地区和乡村旅游资源富集区，在发展过程中各种要素逐渐在村落内交叉融合，各种主体在村落内集聚发展。因此，忠良村在尊重传统村落自然山水和文化内涵的前提上，逐步改造、提升乡村的空间结构，形成了新村建设和传统村落的有机集合。此外，在保留原有村民主体的情况下，又增加了以企业、农村经济合作组织和政府部门等各种组织，丰富了村落的组织结构。

第三，乡村旅游的发展，其竞争力在于内外兼修，需要重建乡村的外在形象和内在品质。在忠良村乡村旅游发展历程中可以看出，通过打造“美丽南方”的独特文化、亚热带风情的休闲农业、安居富足的乡村生活，将短期的、外在的形象美化深化为整体的、长效的、内在的品质提升，从而全方位激活村落发展旅游的原动力。

### （二）乡村旅游发展要素的“两有”

乡村旅游是产业交叉、城乡融合的产物，需要从多个维度来把握各类发展要素的“两有”运用——有机融合和有序利用，实现内外联动发展，从而打造自身的综合优势。

第一，注重要素的有机融合。既要积极引进项目资金、管理人才等外来要素（如忠良村通过园区的市场化渠道，引进各类旅游项目），又要对要素进行合理利用（如忠良村对文化资源的保护开发），还要充分发挥市场在资源配置中的决定性作用，建立统一的要素市场，促进要素的有效流动，实现资源要素的优化配置。

第二，注重要素有序利用。乡村旅游应当作为连接城市和乡村的支撑点和生活生态生产同步发展的着力点，不仅要把乡村的优美环境、优越生态、人文风俗、历史文化等要素在空间上进行集聚（如忠良村以“美丽南方”田园综合体创建来集聚要素，并在田园综合体中实现要素的有序利用），还要坚持生态优先、绿色发展的理念，转变粗放发展方式，避免旅游资源的过度消耗，形成和谐共生、有序发展的良好局面。

### （三）乡村旅游发展机制的“三新”

乡村产业的弱质性，决定了其本源的动力机制，既要考虑利益联结的核心和重心，又要考究利益联结的模式与方式，最终形成具备内生发展动力的发展机制。因此，乡村产业的发展应当以共建、共治、共享为中心，推进建设机制创新、运营机制创新和分配机制创新的“三套机制”创新，从无到有过程中有效激发各方建设动力，从经营管理过程中构建运转流畅、各司其职的运营模式，在分配环节中达到利益共享，形成持续的发展驱动力和凝聚力。

具体而言，忠良村的“三套机制”创新可以凝练为：以投入多元化、运营专业化、产业融合化、利益共享化为核心，由政府、平台公司等负责整体规划和基础设施建设，引进企业和专业人才进行专业化生产经营，村民以资源入股分红、获得租金和实现就业。忠良村通过构建起科学合理的发展机制，实现农业、文化、旅游三者有机结合，最终走出村民增收、企业增效、社会受益的农文旅融合的持续向好发展格局。

# 巧借园区东风加快乡村振兴的定典之路

## ——隆安县那桐镇定典村园区带动典型案例

孔令孜　黄艳芳　宁　夏　李小红

隆安县那桐镇定江村定典自然村，距离广西首府南宁市60多千米，有村民83户共339人，总耕地面积230公顷，其中水田73.33公顷，旱地156.67公顷，人均耕地面积0.67公顷，目前土地流转率达100%。定典村紧紧抓住广西创建现代特色农业示范区的发展契机，以园区为引领方向和振兴载体，创新“公司+村屯”的建设模式，先后依托本村村民卢义贞创建的金穗公司成功打造了金穗香蕉产业（核心）示范区和金穗火龙果产业核心示范区两个自治区级现代特色农业（核心）示范区（五星级），稳步走出了一条以园区发展引领乡村振兴的典型之路。多年来，定典村连续荣获中国特色村、全国一村一品示范村、自治区“清洁乡村·百佳村屯”、南宁市新农村示范点和农村精神文明建设示范点等称号。

## 一、定典村“一村二园三轴多产业”的乡村振兴实践

定典村的发展样式可以概况为“一村二园三轴多产业”。“一村”即为定典村新农村建设，“二园”则是创建香蕉示范园区、火龙果示范园区，“三轴”是指打造农业产业轴、生态文化轴和休闲生活轴。定典村以园区建设为载体，充分挖掘自身壮族村落文化优势和生态优势，开启了园区带动下的特色振兴实践。

---

作者单位：广西壮族自治区农业科学院农业科技信息研究所。

### （一）“二园”育“多产”

早在21世纪初，定典村便由村民卢义贞牵头，通过村“两委”协调组织村民赴云南、浙江等地考察现代农业园区发展情况，让村民看到园区助农增收的发展成效，确立了建园区、育产业的村庄发展路径。在2010年时，已将56.67公顷地流转给金穗公司搞起了香蕉规模化种植基地，形成了定典村产业园发展的最初雏形，也让定典村在新世纪的农业产业化进程中走在了隆安县乃至全广西的前列，成为远近闻名的“香蕉村”。党的十八大以来，在自治区党委、政府作出在全区开展现代特色农业示范区创建的决策部署后，定典村抢抓园区升级的契机，选准适合当地种植、具有一定市场行情的香蕉和火龙果作为产业重心，于2015年和2019年先后依托金穗公司成功创建金穗香蕉产业（核心）示范区和金穗火龙果产业核心示范区两个自治区级现代特色农业（核心）示范区，其中金穗香蕉产业（核心）示范区在第一批通过自治区人民政府验收的18个核心示范区中综合得分排名第一，金穗火龙果产业核心示范区是第八批广西现代特色农业（核心）示范区中唯一获得五星级的核心示范区。

金穗香蕉产业（核心）示范区的核心区667公顷、拓展区1 333公顷、辐射区3 333公顷，总计种植香蕉面积1 667公顷。金穗火龙果产业核心示范区的核心区333公顷、拓展区333公顷、辐射区667公顷，总计种植火龙果面积467公顷。两个示范区均建立了生产加工、冷藏物流、品牌销售、电商农业休闲一条龙的全产业链，形成了定典村为中心的农村一二三产融合发展。定典村是金穗香蕉产业（核心）示范区的核心区，是金穗火龙果产业核心示范区的辐射区，依托园区产业，延伸次生业态，打响了以香蕉和火龙果为主导产业、以乡村旅游为特色产业的三大名片，走出了“二园”育“多产”的全新发展格局。

### （二）“一村”立“三轴”

有了好产业，还需要有新农村。定典村以扎实的产业为基础，在园区创建的同时重点融入乡村振兴的内涵，把生产、生活、生态在园区建设中同步升级，确立了农业产业轴、生态文化轴和休闲生活轴 3 条轴线作为村庄发展的主线，优化产业发展、兼顾人居环境、拓展社会功能，大力推进新农村建设，推动村庄内核从农业现代化的单一引领向农业农村现代化的“三轴”支撑升级。

在生态文化轴的打造方面，定典村坚持绿色发展理念，从产业培育之初就推行生产标准化和产业绿色化，不仅提升了农产品品质，还提升了农业生态品质；注重挖掘村庄文化内涵，在民居民宅新建与改造中，既凸显白墙、灰瓦、坡屋顶等壮民族特色，又融入本土马头墙、百鸟带等隆安“那”文化元素，房前屋后还保留小菜园、小果园、小花园等农家庭院气息，壮乡村落与连片产业互相点缀的美丽图景徐徐展开。在休闲生活轴的打造方面，通过政府、企业、村民“三位一点”的资金投入，定典村从 2014 年起开始加快建设南宁市综合示范村，完成了 83 栋村民房屋的新建与改造，实施了人居环境整治、基础设施改善和园林绿化建设，村庄休闲生活的村容村貌和人居环境上了一个大台阶。在综合示范村建设基础上，定典村与金穗公司又进一步打造了金穗生态园，增加花卉苗木、有机蔬菜、四季果园等生态产业示范基地、亲子互动拓展基地，做强香蕉文化品牌，实现了“三轴”的深度相互融合、相互支撑。

## 二、定典村振兴发展路径的模式解析

### （一）反哺式的利益联结，引领小农户进入大市场

定典村在走园区带动的乡村振兴路径时，创新实践出了反哺式的利益联结机制，把小农户的生产经营与园区的生产经营联结在一起，通过“公司承租＋包发”的直接带动经营、“公司产业＋家庭农场”的联合经营、“公司＋产业联盟”的合作经营、“产业工人”的职业化经营等反哺带动模式，让小农户进入到园区产业发展的链条之中，促进小农户与现代农业对接，引领小农户进入大市场，确保和实现

了农户“失地不失业”“就近能就业”和“入园可创业”，成功探索了“产业在农村、就业在家门、农民变产业工人”的“小农现代化”方案。

在反哺式的利益联结关系中，定典村农民不仅可以通过土地流转得到地租收入，还可以在示范区打工领工资、参与示范区产业开发增收以及参与乡村旅游经营获益，农民的收入渠道实现了多元化。2018年，定典村村民人均可支配收入达 19 200 元，比隆安县农民收入平均水平高出 7 526 元，比广西农民收入平均水平高出 6 765 元，比全国农民收入平均水平高出 4 583 元。

### （二）融合化的功能升级，推进小村庄变成大景区

定典村把村庄的发展与园区的发展捆绑在一起，推进产村融合和农文旅融合，建设了四个农业产业化生产基地和两个主题农业观赏园，改善了路、水、电、通信、房屋等人居环境，并聚焦“蕉”文化，挖掘“那”文明，建设了“蕉”展示馆、“那”长廊等一批景观小品，新建了 1 座旅游服务中心和园林绿化广场、观光鱼塘等一批旅游设施，在提升园区的乡村产业功能的基础上进一步拓展园区承载的乡村生活功能、生态功能，促进农业产业轴与生态文化轴、休闲生活轴的“三轴”并立，促进农村一产与二产、三产的融合发展。

目前，定典村的示范园区已从最初的香蕉标准果园示范基地，逐步发展为有香蕉标准化种植园、香蕉产品深加工产业园、香蕉交易产业园、火龙果综合产业园以及金穗生态园等一二三产融合发展的现代特色农业示范区。定典村已从昔日基础落后的小村庄摇身变为生态环境优美、宜农宜居宜旅的大景区，成为众多人群周末休闲、民宿旅居、农事体验的首选地之一。

### （三）科技范的规模生产，加速小水果裂变大产业

“上靠天，下靠地，中间靠科技”，这是定典村乡村振兴带头人卢

义贞经常挂在嘴边的一句话。金穗香蕉产业（核心）示范区和金穗火龙果产业核心示范区在建设中十分注重科技的作用，先后与中国科学院、中国农业大学、东北农业大学等国内知名院校进行产学研推合作和关键产业技术攻关，与广西农科院联合共建了科技创新平台，组建了业主企业的科研创新团队，以科技的力量引领促进香蕉、火龙果产业的高质量发展，使香蕉、火龙果这些小水果裂变成为了支撑当地经济发展、带动当地乡村振兴的大产业。

金穗香蕉产业（核心）示范区建立了“香蕉科技创新中心”，集成推广了水肥一体化等 8 项生产技术，在香蕉种植园实行自动化控制及公司远程管理，强化了一条龙商品化处理，做大了“绿水江”香蕉品牌。金穗火龙果产业核心示范区利用夜间催花补光新技术，在 200 多公顷的园区基地安装了 300 盏节能灯，不仅能让火龙果提前成熟结果抢先上市，大大增加产量和提高产值，还将园区变成了高低起伏的“灯海”，田园亮如白昼，宛若银河落地。

## 三、定典村乡村振兴的经验启示

### （一）发挥农民主体作用是前提

农民既是园区土地的提供者，也是园区产业的从业者，更是园区生活的土著群。只有农民深度参与到园区发展之中，园区更好扎根下来融入当地发展，乡村才能在园区带动下同步发展提升。在定典村的园区带动实践中，最大的前提就是充分发挥了农民的主体作用。一方面，处理好了农民和土地的关系。明确土地流转必须是农户以自愿为前提的市场流转，避免土地“一次性流转”和农民“失地即失业”。另一方面，把小农户带入了农业现代化之中。通过就近吸纳农民就业，解决了园区劳动力缺乏难题，如 2018 年接纳政府识别的贫困户就业 107 人、吸收来自贫困地区的农民工劳动就业 188 人；通过创新反哺式带动方式，充分调动了农民生产的积极性和致富的主动性，既提高了农民收入，也提升了生产效率；通过科技输入，提升了农民发展现代特色农业的技能，实现了农民“口袋”“脑袋”一起富。

## （二）健全利益联结机制是保障

乡村振兴的本质，应该让农民有切身的参与感，让农民成为振兴红利的主要受益者。建立紧密的、互动的利益联结机制，是定典村的园区带动乡村振兴路径模式的关键，是确保乡村、农民、企业在示范园区建设中同步成长、发展共赢的保障。在定典村的园区带动实践中，创新了示范园区、企业与村庄、农民的有效利益联结机制，建立了反哺式的利益联结关系，走的是“合作式、参与式、整合式”发展道路，实现了农户、村庄、企业、园区紧紧“抱团”在一起发展，让园区发展的红利真正留在农村，让乡村振兴的成果更多留给农民。定典村在反哺式的紧密利益联结中，得到了园区发展建设带来的资金投入、土地集约、人才回流；定典村农民在反哺式的紧密利益联结中，得到了就业的机会、创业的平台、收入的提升；金穗公司在反哺式的紧密利益联结中，得到了稳定的充足劳动力供应、长期的规模土地供给、发展的有利外部环境。

## （三）坚持产村融合发展是方向

在定典村的园区带动实践中，定典村以产兴村、以村促产，走出了产村融合发展的园区带动乡村振兴之路，成为了生产生活生态同步改善、一产二产三产深度融合的新时代乡村。首先，在统筹规划上，坚持了园村一体，将乡村建设与产业发展、基础设施、土地利用和公共服务等统筹规划，“一村”立“三轴”。其次，在推进建设上，既建设园区、也发展村庄，既注重业态、也注重形态。第三，在发展重点上，突出了以产业为基，充分发挥园区的要素聚集优势，吸纳资金、技术、人才等回归农村、回流农业，做大做实乡村经济基础，支撑乡村振兴各个方面发展；注重了乡村生态、文化、旅游等各类资源的开发，并融入到园区的大平台之中，推动产村有机结合、有效融合，同步实现产业强、乡村美、农民富。

# 讲好“一村一品”故事的老区乡村脱贫奔康实践

## ——田东县祥周镇中平村脱贫奔康典型案例

杨景峰　陆建勋　关妮纳

百色市田东县祥周镇中平村发展“一村一品”脱贫奔康的故事，要从一位老人的两次到访讲起。2008 年 10 月，时任中央政治局常委、十一届全国人大常委会委员长的吴邦国第一次到田东考察时，来到中平村的田间地头，与菜农促膝谈心，在详细了解该村香葱生产销售情况后，嘱咐“要扩大面积，打出品牌，拓宽销路”。小小的香葱寄托了吴邦国委员长对中平村的期望，也更加坚定了老区群众大力发展“一村一品”、加快摆脱贫困奔小康的信心和决心。中平村牢记吴邦国委员长的嘱托，抓住田东县进行全国农村金融改革试点的契机，以“一村一品”的产业开发来有机对接“下乡进村”的金融创新，推进香葱产业转型升级和“鸿平”品牌做大做强。2011 年 4 月，当吴邦国委员长再次来到田东，在祥周新亚东农产品物流中心拿起“鸿平牌”香葱时，十分高兴地说：“品牌打出来了，还要继续扩大生产，让农民增加收入。”

殷殷嘱托，引领发展希望；真抓实干，迈向幸福小康。中平村在发展“一村一品”的路子上步伐越迈越大，全国“一村一品”示范村、“广西香葱第一村”和“广西百村百品示范村”等多项荣誉接踵而至，走出了百色革命老区乡村脱贫奔康的生动鲜活实践。

---

作者单位：广西壮族自治区农业科学院农业科技信息研究所。

## 一、讲好“香葱”故事，打好“一村一品”产业牌

时至今日，中平村发展香葱种植已有20多年的历程。早在1999年的时候，外出在广东租地种菜的中平村村民刘玉燕和几位同乡看到香葱有着“投入少、来钱快”的短平快效益，便把香葱引进家乡中平村进行种植。中平村地处右江河谷腹地，气候土壤等十分适合香葱生长，引进回来种植的香葱长势良好，营养物质丰富，病虫害很少，产品质量好，市场销路可观。从此，小小的香葱就在中平村“落了根”，成了中平村“一村一品”的特色产业，成了中平村人增收致富的主要来源。

### （一）高标准的产业化生产

中平村在发展香葱种植之初，便确立了打造“一村一品”特色产业的发展思路，运用高标准的产业化发展模式，并结合老区的产业扶贫政策，以香葱产业促进当地群众脱贫致富和辐射带动周边贫困村贫困户种植增收。在产业规划上，对香葱产业实行统一规划、统一品种、统一技术、统一品牌、统一销售的“五统一”，在全村进行有整体规划的集中种植和实施黑葱、木葱、小葱的轮作种植，实现葱田整齐划一、灌溉体系井然有序。在生产种植上，推行机械化生产，大力推广大田自动喷灌技术和种葱、洗葱、卖葱装车的全程机械化，建设了13.33公顷香葱自动喷淋示范田，购置了8台洗葱机，有效提升香葱产业种植效率和采摘效率。推行标准化生产，建立健全产品质量安全和分等级及生产技术规程标准体系，完善投入品管理、生产档案、产品检测、基地准出、质量追溯等5项全程质量管理制度，对全体葱农开展标准化种植技术培训，组织科技人员对香葱种植进行技术指导。在品牌创建上，对全村香葱进行统一的品牌包装和价值提升，主打和力推无公害香葱“鸿平”品牌，形成特色鲜明的“一村一品”，打响品牌的同时也在市场中提升竞争力。在市场销售上，加强冷链物

流建设，统筹推进香葱产地交易市场、泡沫箱生产厂、制冰厂等配套建设，解决储运难题；充分发挥农村经济人带活销路的作用，积极发展电商渠道的品牌营销，全面拓展香葱的市场销售渠道，确保增产的同时切实增收。

### （二）高起点的合作社经营

单家独户各自生产难以应对市场，也不利于打造“一村一品”特色。为了更好地提升“一村一品”发展水平，中平村选择了组建合作社作为生产经营主体，以合作社的形式抱团起来发展，由合作社来落实“五统一”。中平村以田东县作为全国第二批无公害农产品生产示范基地县创建的高起点契机，2003 年便成立了中平村无公害蔬菜协会，随后又组建了中平村无公害蔬菜农民专业合作社，构建起了新型农业经营主体引领发展“一村一品”的集约化、专业化、组织化、社会化相结合的现代农业新型经营体系。中平村无公害蔬菜农民专业合作社以秉承“合作经营、壮大规模、打造品牌、增产增收、共同富裕”的宗旨，推行标准化生产和品牌化战略，积极帮助村民走集约化、规模化种植道路，在技术运用、品种改良、销售渠道等各个环节全程统筹、全程把关、全程负责，极大地推动了香葱产业不断向上规模、上品质、上档次的方向发展。

### （三）高效益的可持续增收

经过二十年的全力培育和持续打造，中平村香葱生产的规模由小到大、效益由低到高、品牌由弱到强，农民群众通过种植香葱实现收入增加，带来生活改善，纷纷摆脱贫困落后的状况，香葱也从不起眼的小作物成为引领脱贫致富的明星产业。中平村的香葱种植一年可收 2～3 季，平均收购价 4.4 元/千克左右，最高时可达 7.0 元/千克，现已发展到全村年种植（含复种）香葱超 330 公顷，专业合作社在册社员 380 户、从业人员 1 337 人，日销售香葱 20 吨以上，主要销往北京、上海、广州、武汉等大中城市，仅此一项合作社成员年人均纯收入就突破万元。中平村香葱“一村一品”发展取得了显著成效，成了远近闻名的广西香葱第一村和全国“一村一品”示范村、国家“南菜北运”生产基地重要香葱供应基地。

## 二、讲好“金融”故事，引得“一村一品”活水来

作物生长要灌溉，产业壮大需资金，资金难题一直都是农业产业发展的一大瓶颈。2008 年，田东县成为新一轮全国农村改革试验区农村金融改革试点；2014 年，田东县获批新一轮第二批全国农村改革试验区扶贫开发综合改革试点。连续的国家级农村金融改革，为田东县农村产业发展带来了破解资金难题的前所未有的重大机遇，也让中平村看到了引入金融之手提升“一村一品”新优势的机会。中平村抓住田东县开展国家级金融改革的契机，主动将“一村一品”香葱产业发展壮大与农村金融改革“联姻”，整村推进“三农”金融服务示范村建设，让金融产品、金融服务顺利进村入户和落到产业链上，大胆引入“金融活水”破解产业发展难题，利用政策性金融支持的政策红利催动“一村一品”产业升级和高质量发展。

中平村“一村一品”产业发展与农村金融改革“联姻”的具体做法是：以农户为核心，以产业为载体，以信用体系建设和支付体系建设为手段，以农户小额信用贷款为重点，着力破解农业和农民贷款难、结算难、享受金融服务难等问题，有效实现了金融机构网点服务、农村信用信息系统、现代转账支付金融工具的“三个全面覆盖”和惠农保险体系、长效机制体系、基础服务体系的“三个有效覆盖”。通过“联姻”，金融产品和金融服务打开了农村的广阔市场，农民便捷、更多地享受到了金融产品和金融服务，走出了现代特色农业产业自下而上、现代金融自上而下的双向有机对接的特色路径。

**在农户信用体系建设方面：**将全村农户纳入田东县信用信息系统，在系统中录入农户信息，包括家庭成员、家庭收支、生活条件、

资产状况（家庭住房、财产情况）、借贷情况、扶贫信息、违法违纪、道德品质等，较为全面地展现农户的基本情况。在此基础上，对农户进行信用评分，达到 A 级以上的农户给予贷款优先、额度优厚、利率优惠的政策，可当天获得 1 万至 10 万元信用贷款，其中贫困农户凭借信用等级免抵押、免担保，有效解决农民在发展产业和创业创新中没有资金也没有抵押物的难题，大大降低了农民的创业成本，提高了支农放贷的效率。

**在融资担保抵押创新方面：**一方面，田东县政府全额出资 1 000 万元成立助农担保公司，与田东农村合作银行合作，为农户、涉农生产企业等新型农业经营主体发展现代特色农业生产提供担保服务，可按照 1∶10 的担保资金放大比例为农户和涉农生产企业提供 1 亿元的担保。另一方面，鼓励银行业金融机构创新开发“农村产权抵押贷款”等金融产品，抵押贷款业务范围扩大至林权抵押贷款、农村土地承包经营权抵押贷款、农业生产设施抵押贷款、活体动植物等生产物资抵押贷款，并根据农户和涉农生产企业实际将可抵押资产不断创新，有效拓宽金融支持现代特色农业发展的渠道。

**在农村金融服务下沉方面：**创新推行“农金村办”，设立第一个“三农金融服务室”，服务室成员由驻村干部、大学生村官、村“两委”干部、本村经济能人等组成，主要负责信用信息采集、贷款调查、还款催收、保险业务办理、金融知识宣传等，把原来需要到县城银行柜台才能办理的业务前置到村一级，打通了农村金融服务的“最后一公里”。作为银行与农户的中介和桥梁，“三农金融服务室”延伸了金融机构触角，让农户在村服务室就能办理存贷款等金融业务，简化了审批程序，提高了农民办理业务的效率和方便程度，解决了金融机构人手少、工作面广量大的问题，填补了农村金融服务的空白点，促进了农村金融供需两端的便捷对接。此外，在村内安装自动取款机、自助服务机，在骨干农户、日杂代销店、农资销售点、香葱收购点布放转账电话和 POS 机，引导农户开通电话银行和短信通，实现了农户足不出户、人不出村即可享受现代金融服务。

## 三、讲好“脱贫奔康”故事，翻开“一村一品”振兴篇

中平村发展“一村一品”的过程，就是村庄和村民从贫困落后走向致富、奔向小康、迈向振兴的过程。依托小小的香葱，实现了乡村产业的兴旺，中平村村民在革命老区地区较早地走上了脱贫致富的康庄大道，村民年人均可支配收入在“十二五”末已达到16 000元以上。进入“十三五”以后，中平村在革命老区百色市打赢精准脱贫攻坚战中，充分发挥“一村一品”的示范引领作用和香葱基地的产业带动作用，带领本村贫困户以及周边贫困村贫困户通过发展香葱产业增收脱贫。一是助推本村贫困户创业增收致富，全村38户贫困户中有25户加入种植香葱行列，其中8户获得扶贫小额贷款用于扩大种植规模；二是吸纳周边贫困户劳动力进入香葱基地务工就业，在基地长期务工贫困人口劳动力达50～60人；三是带动周边村贫困户种植香葱，合作社、种葱大户通过到周边村租地种植香葱等方式，带动祥周镇百渡村以及平马镇百谷村、升太村等共100多户种植香葱近40公顷。

中平村在脱贫奔康的道路上，通过敏锐把握市场需求，大力发展投入少、回报高的香葱种植，成为田东县最早的“一村一品”特色村之一。“一村一品”的发展给中平村带来了产业兴、农村美、农民富，农民发起了“香葱财”，村庄建起了“香葱楼”、修好了“香葱路”，香葱田园扮靓了美丽乡村，“一村一品”带来了美好生活。中平村用小小一根“葱”作为“金钥匙”开启了发展致富的加速度，中平村发展“一村一品”脱贫奔康的故事成为革命老区推进乡村振兴的成功实践。

**图书在版编目（CIP）数据**

广西乡村振兴报告：广西乡村振兴蓝皮书 . 2020 / 中共广西壮族自治区委员会农村工作领导小组办公室，广西壮族自治区农业科学院，广西乡村振兴战略研究院编著 . — 北京：中国农业出版社，2020. 3

ISBN 978-7-109-26600-1

Ⅰ. ①广… Ⅱ. ①中… ②广… ③广… Ⅲ. ①农村一社会主义建设一研究报告一广西一2020 Ⅳ. ①F327. 67

中国版本图书馆 CIP 数据核字（2020）第 031436 号

**广西乡村振兴蓝皮书**

**广西乡村振兴报告 2020**

**GUANGXI XIANGCUN ZHENXING LANPISHU**

**GUANGXI XIANGCUN ZHENXING BAOGAO 2020**

---

中国农业出版社出版

地址：北京市朝阳区麦子店街 18 号楼

邮编：100125

责任编辑：赵　刚

版式设计：史鑫宇　　责任校对：赵　硕

印刷：北京中兴印刷有限公司

版次：2020 年 3 月第 1 版

印次：2020 年 3 月北京第 1 次印刷

发行：新华书店北京发行所

开本：700mm×1000mm　1/16

印张：13. 25

字数：180 千字

定价：68. 00 元

---